北方民族大学科研项目资助（2019XYSSY07），（201

经济管理学术文库·经济类

发展现代服务业的途径与策略
——以宁夏为例

Countermeasures and Suggestions of MSI
Development in Ningxia

王　春／著

经济管理出版社
ECONOMY & MANAGEMENT PUBLISHING HOUSE

图书在版编目（CIP）数据

发展现代服务业的途径与策略——以宁夏为例/王春著. —北京：经济管理出版社，2019.2
ISBN 978-7-5096-6380-6

Ⅰ. ①发…　Ⅱ. ①王…　Ⅲ. ①服务业—经济发展—研究—宁夏　Ⅳ. ①F726.9

中国版本图书馆 CIP 数据核字（2019）第 016813 号

组稿编辑：杨国强
责任编辑：杨国强　张瑞军
责任印制：黄章平
责任校对：赵天宇

出版发行：经济管理出版社
　　　　　（北京市海淀区北蜂窝 8 号中雅大厦 A 座 11 层　100038）
网　　址：www. E-mp. com. cn
电　　话：(010) 51915602
印　　刷：三河市延风印装有限公司
经　　销：新华书店
开　　本：720mm×1000mm/16
印　　张：11.5
字　　数：174 千字
版　　次：2019 年 7 月第 1 版　2019 年 7 月第 1 次印刷
书　　号：ISBN 978-7-5096-6380-6
定　　价：68.00 元

序

　　21 世纪以来，随着信息技术和电子商务的广泛发展，世界经济逐步由"工业经济"转变为"服务经济"。西方发达国家的产业结构重心逐步向以信息技术为依托的服务业调整，尤其是以知识和技术相对密集的服务业的迅速发展，提高了发达国家的产业竞争力和综合国力。目前，服务业已经成为世界经济增长的主要推动因素，发达国家的服务业在就业和产值中比重已超过 70%。我国服务业发展源于 1978 年经济体制改革之后，经过 30 多年的发展，服务业的重要性不断增强，在国民经济中的地位和作用也在不断提高。2014 年，我国第三产业增加值的增长速度超过第二产业达 8.1%；第三产业增加值达 48.19%，而同期我国第二产业增加值仅为 42.64%。

　　无论从全球经济发展还是中国经济发展的需求看，服务业发展，尤其是以技术和知识为特征的现代服务业发展，面临着前所未有的机遇与挑战。我国早在 1997 年党的十五大报告中就提出了"现代服务业"这一概念。2000 年，中央经济工作会议中进一步提出"既要改造和提高传统服务业，又要发展旅游、信息、会计、咨询、法律等新兴服务业"。2007 年 3 月 19 日，国务院印发了《关于加快发展服务业的若干意见》，明确指出服务业是国民经济的重要组成部分，其发展水平是衡量现代社会发达程度的重要标志，意见还提出了服务业发展的具体目标。这些都为我国现代服务业的发展提供了新的发展机遇和动力。现代服务业发展是实现经济可持续发展的战略举措；是经济全面发展的必然选择；是缓解就业压力的有效途径。发展现代服务业不仅可以提高人民的生活质量，还可以扩大国内需求。

目前关于我国现代服务业的研究，以对策性研究居多。在应用性研究中，针对北京、上海、天津等大城市和经济发达地区现代服务业发展的研究较多，针对宁夏现代服务业发展的研究很少。近年来，宁夏现代服务业发展虽然取得了一些成绩，但是受观念、设施、经济发展等因素的制约，与发达地区现代服务业发展差距较大。本书从宁夏现代服务业的发展现状入手，通过将宁夏现代服务业的发展与民族地区（内蒙古、广西、青海、新疆、贵州）现代服务业发展情况进行比较，找出宁夏现代服务业发展中存在的问题；结合国内外相关研究成果找出制约宁夏现代服务业的发展因素，为宁夏现代服务业的发展提供一些启发性的建议。

目　录

第一章
现代服务业概述

服务由于具有无形性、不可分割性、易逝性、异质性等特征，使其区别于有形产品生产，成为社会生活领域相对独立的经济活动。凡是不以有形产品生产和经营为主的经济活动都是服务性业务，但只有形成可交易性的服务业务才能构成服务产业。目前，学术界对服务业的定义没有达成共识。随着经济和社会活动的进一步发展，新兴服务业所具有的一些特征，较传统服务业发生着很大的变化。

第一节　现代服务业的概念界定与特征

一、现代服务业概念由来及概念界定

"现代服务业"作为中国特有的提法，始见于1997年9月党的十五大报告。报告中指出："社会主义初级阶段，是逐步摆脱不发达状态，基本实现社会主义现代化的历史阶段：是由农业

人口占多数，包含现代农业和现代服务业的工业化国家的历史阶段"。党的十五届五中全会在《中共中央关于制定"十五"计划的建议》中明确指出，在"十五"期间，"要发展现代服务业，改组改造传统服务业，明显提高服务业增加值占国内生产总值的比重和从业人员占全社会从业人员的比重"。报告进一步指出，"现代服务业要提高服务水平和技术含量，大力发展信息、金融、会计、咨询、法律服务等行业，带动服务业整体水平提高。传统服务业要用现代经营方式和技术改造，着重发展经贸流通，交通运输，市政服务等行业，推行连锁经营，物流配送，多式联运，网上销售等组织形式和服务方式，提高服务质量和经营效益"。

目前，理论界广泛接受的现代服务业的定义是在十五大报告的基础上提出的。孙成彦（2007）认为，现代服务业是在工业化高度发展阶段产生的，主要依托电子信息技术和现代管理理念发展起来的信息和知识相对密集的行业，包括在信息基础上的新兴服务业和一部分经过改造的传统服务业。庞毅、宋冬英（2005）认为，现代服务业是指依托电子信息和其他新兴高技术，以及现代经营方式和组织而发展起来的服务业，既包括新兴服务业，也包括对传统服务业的技术改造和升级，其本质是实现服务业的现代化。刘重（2005）认为，现代服务业是第三产业的延伸和发展，有广义和狭义之分。广义的现代服务业包括传统服务业的升级和新兴的服务业。狭义的现代服务业主要是指依托信息技术、现代化科学技术和技能发展起来的，信息、知识和技能相对密集的服务业。现代服务业依靠现代化的新技术、新业态和新的服务方式创造需求、引导消费，为社会提供高附加值、知识型的生产服务和生活服务。它是与传统服务业相对应的，主要是伴随工业化进程中的新型的服务业，也包括以现代化的新技术、新业态和新服务方式改造和提升的传统服务业。

纵观这些研究成果，可以发现，目前比较常见的有关现代服务业的定义都具有相当大的共性，即都强调现代服务业与信息技术和其他高新技术密不可分，是知识、技术和人才密集型的服务业。现代服务业是指采用电子信息等高技术与管理理念、经营方式、组织形式等手段发展起来的，为生产者提供服务的部门。受工业化进程、社会生产分工的影响而加快发展的服务业及采取现代科学技术手段、新兴服务方式和新兴经营形态对传统服务业进行创新的服务业。现代服务业不仅仅包括新兴服务业，还包括对传统服务业的改进及创新，其本质是实现服务业的现代化。

二、现代服务业的具体特征

现代服务业包括的服务部门数量较多，类型也较为广泛。现代服务业在加速传统服务业发展的同时，还开辟了新的服务业领域和更多的新兴行业，如网上商店、网上银行、第三方物流、网上炒股和电子商务旅游业等。随着这些新兴行业的快速发展，不仅改变了人们的生产、生活和学习方式，更为广大消费者提供了全方位的服务，提高了人们的生活水平和服务质量。分析这类企业的总体特征具有十分重要的意义。

（一）以信息技术和网络为主要依托

现代服务业是指依托科学技术发展起来的以信息、知识和技术为特征的服务业。现代服务业的产品大多具有无形性的特点，其需求建立在信息技术和网络基础上。以网上银行业务为例，用户通过互联网登录到银行主页上，轻松实现 24 小时在线查询银行存款余额、进行转账支付等功能。这种方便的服务是以网络基础服务和计算机技术为主要依托，通过信息技术和网络服务的广泛应用而实现。

（二）高素质人才为该产业竞争力的核心

随着现代化服务的发展，以生产服务业为主体的现代服务业越来越成为促进经济增长的主导力量。生产性服务业是为生产、商务活动和政府管理提供而非直接向消费性服务的个体使用者提供的服务，其发展与社会生产力的发展及科技进步密不可分；它不直接参与生产或者物质转化，但又是任何工业生产环节中不可缺少的活动。如研究机构、中介公司、咨询服务业等，这种类型的服务业投入的是信息、知识、技术、管理等要素，其中高素质的人才是现代服务业的核心，企业拥有高素质的人才，可以促进产业竞争力的快速提升。

（三）高增加值

传统服务业主要依靠人力资源、自然资源以及资本的投入，而现代服务业主要依靠技术、科技的投入，技术的倍增性使得这种服务的价值也呈现倍增性。网络的普及使得商业、旅游、餐饮等较传统的服务业突破了时空限制，服务范围更加广阔。电子商务、网上银行、现代物流、远程教育、远程医疗等基于网络技术的新型服务业得到极大的发展，创造了巨大的商业价值。

第二节　现代服务业分类

由于服务业涉及领域广、涵盖部门众多，按不同的分类标准形成不同的分类方法。我国学者对现代服务业分类研究基本是以国家统计局发布的《国民经济行业分类及代码》为蓝本，根据国内外产业划分和服务经济理论，对现代服务业进行分类。

目前，国内现代服务业分类主要有：①按服务业产生或兴起时间的先后可分为传统服务业和新兴服务业；②从消费的角度可分为生产消费服务业和生活消费服务业；③按服务业的功能分为流通服务、生产服务、社会服务和个人服务等。以潘海岚（2008）、朱晴睿（2005）等为代表，把现代服务业进行极为细致的划分，主要包括：物流业，信息传输、计算机服务和软件业，电子商务，金融业，房地产业，租赁和商务服务业、会展业，科学研究、技术服务业，教育培训业，卫生、社会保障和社会福利业，文化、体育和娱乐业以及旅游业，如表1-1所示。

表1-1　中国现代服务业的统计分类表

类别	主要服务项目
1. 物流业	第三方物流
2. 信息传输、计算机服务和软件业	电信、互联网信息服务、广播电视传输服务、卫星传输服务；计算机系统的设计、集成、安装及数据处理、维修服务；计算机系统软件、基础软件、专业应用软件等软件开发及其咨询
3. 电子商务	网上购物（订购、销售）、网络仓库
4. 金融业	银行业；证券业；保险业；其他金融租赁、信托活动

类别	主要服务项目
5. 房地产业	房地产开发经营、物业管理、房地产中介服务、其他房地产活动
6. 租赁和商务服务业、会展业	融资租赁、汽车租赁、工程机械租赁等；法律服务、管理及其专业咨询、会计、审计、税务服务、项目策划、评估、职业中介服务、广告设计、广告代理、市场调查推广；会议及展览服务
7. 科学研究、技术服务业	研究与试验发展、专业技术服务业、科技交流和推广服务业
8. 教育培训业	中等专业教育、职业中学教育、技工学校教育、普通高等教育、成人高等教育、职业技能培训
9. 卫生、社会保障和社会福利业	各类医疗保障服务；社会保障业；社会福利业
10. 文化、体育和娱乐业	新闻出版业；广播电影和音像业；文化艺术业、体育、娱乐业
11. 旅游业	旅行社、旅游饭店、旅游交通、旅游购物、游览景区管理

胡启恒（2004）、杨鞯鞯（2014）借鉴国际产业划分标准的原则，按主要功能和服务对象，将现代服务业划分为四大类：生产性服务业、基础服务业、个人消费服务、公共服务。其中，生产和市场服务包含金融、物流、批发、电子商务、农业支撑服务以及包括中介和咨询等专业服务；基础服务业包含通信服务和信息服务业；个人消费服务包含教育、医疗保健、住宿、餐饮、文化娱乐、旅游、房地产、商品零售等；公共服务包含政府的公共管理服务、基础教育、公共卫生、医疗以及公益性信息服务等，如表1-2所示。

表1-2　中国现代服务业的统计分类

类别	主要服务项目
1. 生产性服务业	金融、物流、批发、电子商务、农业支撑服务以及包括中介和咨询等专业服务
2. 基础服务业	通信服务和信息服务业

续表

类别	主要服务项目
3. 个人消费服务	教育、医疗保健、住宿、餐饮、文化娱乐、旅游、房地产、商品零售等
4. 公共服务	公共管理服务、基础教育、公共卫生、医疗以及公益性信息服务等

通过对已有文献的梳理，本书对宁夏现代服务业的研究主要集中于金融业、物流业、旅游业、信息服务业等重点行业。

第一章
民族地区现代服务业发展基本情况

　　我国少数民族人口分布广泛，全国 20 多个省、市、自治区均有少数民族。少数民族地区经济总量水平较低，产业结构不合理，第三产业发展相对滞后，服务业结构水平较低。2006 年，我国服务业占国内生产总值比重仅为 9.5%，劳动就业占全部就业比重的 32.2%；而以民族自治地区（广西、青海、宁夏、内蒙古、新疆、贵州）为代表的少数民族地区的 GDP 只占全国 GDP 总量的 9.5%。民族地区经济发展水平低，人均收入少，严重制约了民族地区服务业的发展。近年来，民族地区服务业有了突飞猛进的发展，现代服务业对国民经济的贡献不断增大，增长速度不断加快。但与国内发达地区服务业的发展水平相比，民族地区服务业发展缓慢，对于知识和技术密集的现代服务业，民族地区的总体水平低于全国水平，现代服务业吸纳就业人数也远远落后于发达地区。

第一节　民族地区现代服务业发展规模

一、民族地区现代服务业增加值

2007 年以来，民族地区服务业发展迅速，以宁夏、内蒙古、贵州、广西、青海、新疆等地为例，第三产业占地区生产总值的比重分别为 38.2%、35.7%、41.8%、38.4%、36% 和 35.4%。而同年，各地区第二产业占地区生产总值的比重分别为 50.8%、51.8%、41.9%、40.7%、53.3% 和 46.8%。可以看出，以上地区第二产业占 GDP 的比重均高于服务业，产业结构仍呈现"二、三、一"结构，但服务业发展超越第二产业的趋势明显上升。从服务业内部结构看，现代服务业占第三产业的比重低于 50%，传统服务业仍占优势，如表 2-1 所示。

表 2-1　民族地区现代服务业的发展状况

地区	构成（地区生产总值=100）			2007 年各省现代服务业发展状况				
	第一产业	第二产业	第三产业	增加值（亿元）	占 GDP 比重（%）	占第三产业比重（%）	增长速度	对 GDP 的贡献率（%）
宁夏	11	50.8	38.2	164.2	18.5	48.4	24.7	18.23
内蒙古	12.5	51.8	35.7	660.29	10.84	30.37	17	7.71
贵州	16.3	41.9	41.8	534.15	19.48	46.56	35.12	29.48
广西	20.8	40.7	38.4	1009.71	16.95	44.11	21.1	15.61
青海	10.6	53.3	36	120.8	15.42	42.77	17.43	12.44
新疆	17.8	46.8	35.4	589.23	16.72	47.26	23.56	23.5

资料来源：各民族地区统计年鉴（2008）。

现代服务业的增加值反映了地区现代服务业产值的总量水平。不同地区由于资源、地理要素的空间分布、人口状况、经济发展状况等因素导致各民族地区的现代服务业发展规模有所差异。2007年，民族地区服务业增加值最高的是广西壮族自治区，现代服务业的增加值为1009.71亿元。宁夏在六个民族地区中处于落后水平，排在第五位，增加值仅为164.2亿元，与广西相比相差845.51亿元，广西现代服务业的增加值是宁夏现代服务业增加值的七倍还多。其他民族地区的现代服务业增加值由高到低分别为内蒙古（660.29亿元）、新疆（589.23亿元）、贵州（534.15亿元）和青海（120.8亿元）（见图2-1）。但从人均现代服务业增加值看，2007年宁夏的人均现代服务业增加值为3061.8元，排名第四；2012年达9910.19元，排名第一。广西现代服务业增加值虽然较高，但由于人口较多，人均现代服务业增加值较低，仅为5523.16元（见表2-2）。2014年，广西现代服务业增加值达4392.63亿元，内蒙古为4670.29亿元，宁夏为993.75亿元。现代服务业增加值占GDP的比重分别为28.03%，26.28%和36.11%。

表2-2 民族地区人均现代服务业增加值

单位：元

省份	2005	2006	2007	2008	2009	2010	2011	2012
宁夏	2634.23	2950.33	3061.8	4177.82	5579.97	6900.59	8455.39	9910.19
内蒙古	2910.4	3451.52	4164.32	4803.02	7071.39	7884.58	8580.61	9657.13
贵州	1332.47	1543.23	1978.79	2385.22	2735.86	3301.29	4373.98	5415.74
广西	1987.38	2305.09	2737.48	3150.1	3668.14	4348.76	4948.91	5523.16
青海	2513.44	2837.23	3340.94	3945.16	4818.77	5539.61	6336.48	7248.81
新疆	2930.25	3305.56	3937.09	4441.2	4923.35	5491.17	6996.19	7437.87

资料来源：各民族地区统计年鉴（2005~2012）。

二、民族地区现代服务业对 GDP 的贡献率

现代服务业占 GDP 的比重可以反映现代服务业在国民经济中的地位。现代服务业为第二产业的加强和第一产业的优化创造了良好的环境，是进行产业结构调整，转变经济增长方式的重要途径。2007 年，各民族地区现代服务业占各地区 GDP 的比重由高到低分别为贵州（19.48%）、宁夏（18.5%）、广西（16.95%）、新疆（16.72%）、青海（15.42%）、内蒙古（10.84%）。2007 年，各民族地区现代服务业增加值的增量与 2006 年现代服务业增加值相比，五个民族地区的增长速度都超过 10%。增长最快的是贵州为 35.12%，增长速度约为宁夏现代服务业增速的 1.42 倍；第三是新疆，增长速度为 23.56%，增长速度第四的是广西地区为 21.1%。

三、民族地区现代服务业的就业状况

随着我国现代服务业不断发展，现代服务业吸纳劳动力的作用也越来越大。现代服务业的发展不仅可以调整服务业的内部结构，也可以缓解就业压力。在以上民族地区中，城镇单位现代服务业吸纳就业人数最多的是广西，2007 年就业人数为 98.6804 万人，其次是内蒙古，就业人数为 66.2108 万人，第三是新疆，就业人数为 65.0172 万人。宁夏现代服务业城镇单位吸纳就业人数为 16.2046 万人，排名第五，比排在最后的青海地区就业人数多 2.1555 万人（见表 2-3）。发展现代服务业关键是人才，民族地区对较高知识水平的技术人员的吸纳能力越强，现代服务业发展才越快。

表 2-3 2007 年各地区按城镇单位吸纳就业人员数 (年底数)

单位: 万人

地区	现代服务业	信息传输、计算机服务和软件业	金融业	房地产业	租赁和服务业	科学研究、技术服务和地质勘查业	教育	卫生、社会保障和社会福利业	文化、体育和娱乐业
宁夏	16.2046	0.5092	1.9482	0.6942	0.8506	1.199	7.5082	2.6337	0.8615
广西	98.6804	2.8884	7.3232	3.1981	6.3092	5.3391	52 6995	17.8803	3.0426
贵州	66.8793	1.8213	4.9795	4.2902	3.0526	3.7834	37 7325	9.2178	2.002
青海	14.0491	0.7496	1.2568	0.2613	0.7699	1.6102	6.249	2.4646	0.6877
新疆	65.0172	1.7609	4.8654	2.4327	4.9573	4.3291	32.8481	11.3676	2.4561
内蒙古	66.2108	3.5424	7.4396	1.421	2.5613	3.9965	33.3953	10.6782	3.1765

资料来源: 各民族地区统计年鉴 (2008)。

2007 年, 民族地区现代服务业城镇单位专业技术人员占比最高的是教育, 分别为宁夏 (46.33%), 广西 (53.4%), 贵州 (56.41%), 青海 (44.47%), 新疆 (50.52%), 内蒙古 (50.43%)。其次是卫生、社会保障和社会福利业, 各省份分别为宁夏 (16.25%), 广西 (18.11%), 贵州 (13.78%), 青海 (17.54%), 新疆 (17.48%), 内蒙古 (16.12%)。占比最低的两个行业分别为信息传输、计算机服务和软件业 (宁夏为 3.14%, 广西为 2.9%, 贵州为 2.7%, 青海为 5.3%, 新疆为 2.7%, 内蒙古为 5.35%) 和文化、体育和娱乐业 (宁夏为 5.32%, 广西为 3.08%, 贵州为 2.99%, 青海为 4.89%, 新疆为 3.78%, 内蒙古为 4.80%)。

民族地区现代服务业发展较快的是广西, 其现代服务业城镇单位专业技术人员数分别为: 信息传输、计算机服务和软件业拥有技术人员 11000 人; 金融业拥有技术人员 4000 人; 房地产业含有技术人员 9000 人; 租赁和商务服务业含有技术人员 11000 人, 教育事业含有技术人员 443000 人; 卫生、社会保障

和社会福利业含有技术人员 130000 人；文化、体育和娱乐业含
有技术人员 15000 人。宁夏在信息传输、计算机服务和软件业
拥有技术人员 3000 人；金融业拥有技术人员 3000 人；房地产业
含有技术人员 2000 人；租赁和商务服务业含有技术人员 1000
人，教育事业含有技术人员 67000 人；卫生、社会保障和社会
福利业含有技术人员 2000 人；文化、体育和娱乐业含有技术人
员 5000 人。

第二节　民族地区现代服务业发展的结构

一、民族地区现代服务业各行业增加值

按照中国统计年鉴对服务业一般行业分类，服务业可分为
传统服务业和现代服务业。交通运输、仓储业，批发和零售业，
住宿、餐饮业等通常被划分为传统服务业。而信息传输、计算
机服务和软件业，金融业，房地产业，租赁和商务服务业，科
学研究、技术服务和地质勘查业，教育，卫生、社会保障和社
会福利业，文化、体育和娱乐业等新兴行业，被归为现代服务业。

2007 年，民族地区现代服务业总量规模不断扩大。广西现
代服务业增加值为 1009.71 亿元，其现代服务业内部各行业增加
值排名前四的分别为：房地产业（239.45 亿元），教育（198.11
亿元），信息传输、计算机服务业和软件业（173.87 亿元），金
融业（150.35 亿元）。现代服务业发展规模排名第二的是内蒙

古，增加值为 660.29 亿元，其现代服务业内部各行业前四名分别为房地产（148.04 亿元），金融业（137.81 亿元），教育（123.38 亿元），信息传输、计算机服务和软件业（73.3 亿元）。宁夏现代服务业内部结构发展与其他五省大致相同，增加值排名前四的依然是房地产，金融业，教育，信息传输、计算机服务和软件业，只是排名顺序有所不同：金融业（47.81 亿元），教育（28.86 亿元），房地产（28.07 亿元），信息传输、计算机服务和软件业（27 亿元），如表 2-4 所示。

表 2-4　民族地区现代服务业行业内部结构

单位：亿元

行业发展水平	宁夏	内蒙古	贵州	广西	青海	新疆
现代服务业	164.2	660.29	534.15	1009.71	120.8	589.23
信息传输、计算机服务和软件业	27	73.3	76.03	173.87	20.46	73.37
金融业	47.81	137.81	109.73	150.35	25.91	149.22
房地产业	28.07	148.04	105.22	239.45	17.96	91.28
租赁和商务服务业	6.99	45.98	20.38	52.81	8.26	40.36
科学研究、技术服务和地质勘查业	8.31	32.19	28.22	48.84	9.11	35.24
教育	28.86	123.38	121.01	198.11	22	119.84
卫生、社会保障和社会福利业	12.71	67.51	51.64	112.51	12.95	64.86
文化、体育和娱乐业	4.45	32.08	21.92	33.77	4.15	15.06

资料来源：各民族地区 2008 年统计年鉴。

二、民族地区各行业固定资产投资

固定资产投资额的大小反映了现代服务业的发展水平。2007 年，现代服务业中，固定资产投资额最高的是房地产业，各地投资额分别为宁夏（112.9亿元），广西（684.9亿元），贵州（335.3亿元），青海（44.8亿元），新疆（258.1亿元），内蒙古（571亿元），占现代服务业固定资产投资分别为宁夏（73.98%），广西（71.49%），贵州（77.47%），青海（80.17%），新疆（70.32%），内蒙古（68.80%）。宁夏现代服务业行业内部固定资产投资额为152.6亿元，在六个民族地区中排名第五。从各行业内部投资额看，房地产业在现代服务业投资额中占比较高，其次分别为教育事业固定资产投资额为14.6亿元，文化、体育和娱乐业固定资产投资额为8.4亿元，卫生、社会保障和社会福利业固定资产投资额为7亿元，信息传输、计算机服务和软件业投资额为5.8亿元；科学研究、技术服务和地质勘查业固定资产投资额为2.9亿元，租赁和服务业固定资产投资额为0.7亿元；金融业固定资产投资额为0.3亿元，如表2-5所示。

表2-5 民族地区现代服务业分行固定资产投资额

单位：亿元

地区	现代服务业	信息传输、计算机服务和软件业	金融业	房地产业	租赁和服务业	科学研究、技术服务和地质勘查业	教育	卫生、社会保障和社会福利业	文化、体育和娱乐业
宁夏	152.6	5.8	0.3	112.9	0.7	2.9	14.6	7	8.4
内蒙古	798.7	56.5	3	571	3.2	21.8	57.5	26	59.7
贵州	432.8	38.4	2.8	335.3	3.6	4.6	25.2	9.8	13.1
广西	854.3	32.3	2.6	684.9	17.2	13.9	61.9	22.2	19.3
青海	63.7	3.3	0.6	44.8	2.4	2.7	4.9	1.3	3.7
新疆	375.1	41.6	3.8	258.1	6.1	8.7	28.5	14.8	13.5

<caption>2007年各地区现代服务业主要行业固定资产投资</caption>

资料来源：中国统计年鉴（2008）。

三、从区位商视角看民族地区现代服务业各行业的竞争优势

区位商又称专门化率，它是一个地区某种产业生产产值（劳动力）在该地区所有产业产值（劳动力）中所占的比重与全国（或一个区域内）该产业产值（劳动力）占全国（或一个区域内）所有产业该指标的比重之比。在区域经济分析中，区位商是一种十分有用的工具，由于区域规模有很大差异，在经济总量、人口、幅员各方面差别非常显著，直接进行市场绝对份额比较显然无法显示区域规模不同地区的各自优势行业所在。通过区位商指标就排除了区域规模差异因素，有利于显示真正的区域优势行业，可以真实地反映地理要素的空间分布、主导经济部门的作用及其变化特点。在此，本书把 6 个民族地区作为一个整体，记为区域总值。具体的计算公式如下：$Qi = (Yai/Ya)/(Yi/Y)$

式中，Qi 为 i 行业产值区位商；Yai 为 a 城服务业内的 i 行业的产值；Ya 为 a 城市服务业的总产值；Yi 为区域服务业内的 i 行业的总产值；Y 为区域服务业内的总产值。当 $Q > 1$，表明该产业在该地区的专业化程度较高，意味着该产业在该地区生产较为集中，具有相对规模优势，发展较快，具有一定的比较优势。当 $Q > 2$ 时，表明该产业在该地区具有很强的优势。当 $Q < 1$，则表明该产业专业化程度低于该区域内的整体水平，其规模具有比较弱势。Q 值越小，比较弱势越明显，意味着该地区该行业产出不能满足本城市需求，需要由其他地区供给产品或服务。根据以上的公式，分别计算出六个省的 2007 年现代服务业内部各行业区位商值，如表 2-6 所示。

表 2-6 从区位商角度看现代服务业各行业的竞争优势

地区	信息传输、计算机服务和软件业	金融业	房地产业	租赁和服务业	科学研究、技术服务和地质勘查业	教育	卫生、社会保障和社会福利业	文化、体育和娱乐业
宁夏	0.91	1.41	1.14	0.93	1.19	0.89	0.98	1.42
广西	0.85	0.87	0.86	1.13	0.87	1.02	1.09	0.82
贵州	0.79	0.88	1.7	0.81	0.91	1.08	0.83	0.8
青海	1.55	1.05	0.49	0.97	1.85	0.85	1.06	1.3
新疆	0.79	0.88	1	1.35	1.07	0.97	1.05	1.01
内蒙古	1.55	1.32	0.57	0.68	0.97	0.97	0.97	1.28

数据来源：各民族地区统计年鉴（2008）。

在现代服务业 8 个行业中，民族地区各省份在行业竞争力上的差别明显。宁夏在 4 个行业具有较强的区位商，其中金融业区位商为 1.41，文化、体育和娱乐业的区位商为 1.42，在六个民族地区相同行业中区位商排名第一。可以看出，宁夏在金融业，文化、体育和娱乐业专业化程度较高，具有相对规模优势和比较优势。其次是科学研究、技术服务和地质勘查业区位商为 1.19，房地产业区位商为 1.14，这两个产业的区位商在六个民族地区相同行业中区位商的排名都是第二。广西在卫生、社会保障和社会福利业上优势明显，其区位商为 1.09；青海的科学研究、技术服务和地质勘查业集中度较高；贵州的房地产业发展迅速，集中度高。

第三节　影响民族地区现代服务业发展的
相关指数

与现代服务业发展有关的指数：城市化率（反映城市化水平，是服务经济的重要前提）、技术进步（服务经济演进的根本动力）、收入水平（服务经济结构演进的直接源泉）等。

一、城市化率

城市化率是服务经济的重要前提，反映了城市化水平。城市是服务业的发展基地，城市人口占总人口的比重的提高，将影响居民的整体生活方式和消费结构的改变，带动现代服务业的发展。只有人口聚集到一定程度时才能分工分业，形成对商业、教育、文化娱乐、卫生、体育、旅游、金融保险、信息咨询等服务业的巨大需求，才能降低服务业的供给成本和交易费用，实现规模经济效应。2007年，全国城市化率为44.9%，宁夏城市化水平达44.02%。在六个民族地区中，只有内蒙古地区城市化水平超过50%，其余地区都低于50%。排名最后的是贵州地区，仅为28.24%（见图2-1）。现代服务业的发展大多要依靠信息技术、网络等的发展，宁夏地区基础设施不足影响了现代服务业的发展。城市化水平低，严重降低了人口、资本、资源、市场的聚集效应，弱化了城市功能，极大地限制了现代服务业的发展空间。

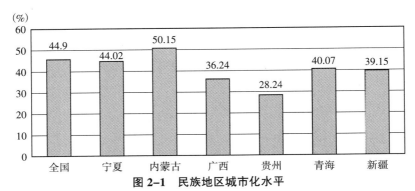

图 2-1　民族地区城市化水平

数据来源：各民族地区统计年鉴（2008）。

二、技术进步

　　技术进步是产业结构调整的基础，是产业结构优化的直接动力，是经济增长的第一推动力。因此，一个地区的科学技术水平很大程度上决定了现代服务业的发展水平。2007年，按地区划分国内三种专利申请受理数和授权数（见表2-7）。宁夏的三种专利申请受理数合计为838件，在六个民族地区中排名第五，其中发明受理数为112件，使用新型受理数为270件，外观设计受理数为456件；授权数合计为296件，排名第五；申请通过率仅为35.3%，低于全国平均水平16.1个百分点，在六个民族地区中排名最后。在六省中，三种专利申请受理数最多的是广西，数目为3480件，是宁夏申请数目的四倍；其次是贵州地区，申请数目总共为2759件；第三是新疆维吾尔自治区，申请数目是2270件。申请受理数目最少的是青海，总共387件。除了宁夏地区申请通过率低于全国平均水平外，其他五个民族地区申请通过率都高于全国平均水平。在技术市场成交额方面宁夏也处于落后状况。2002年，宁夏技术市场成交额为

8496 万元，到 2007 年成交额为 6640.7 万元，比 2006 年上涨了
24.1%，但是比 2004 年少了 3406.62 万元。与其他民族地区相
比，居于第五位，其中 2007 年技术成交额最高的是内蒙古，成
交额为 109835.2 万元。

表 2-7　民族地区科技进步情况（2007 年）

单位：件，%

地区	申请受理数合计	发明	实用新型	外观设计	授权数合计	申请通过率合计
全国	586498	153060	179999	253439	301632	51.4
宁夏	838	112	270	456	296	35.3
广西	3480	945	1612	923	1907	54.8
贵州	2759	874	1287	598	1727	62.6
青海	387	91	115	181	222	57.4
新疆	2270	476	1255	539	1534	67.6
内蒙古	2015	565	966	484	1313	65.2

数据来源：各民族地区统计年鉴（2008）。

三、收入水平

个人消费结构影响着服务业结构，特别是现代服务业的发
展，而决定个人消费结构的主要因素是收入水平。按照恩格斯
的划分，人的需求有三个层次：生存需求、享受需求和发展需
求。当人们的收入有限时，只能满足人们的基本需求。只有随
着收入的增加，生活水平才能提高，才会有更高的物质和精神
需求。宁夏城镇居民 2007 年的平均每人每年的收入水平为
11793 元，在六个民族地区中收入水平排名第三，但消费性支出
却只排名第四。在消费性支出中，只有医疗保健排名第二，支
出为 699.09 元，其他几项支出排名都靠后。分别为食品、衣着

和居住每人每年花费 4665.89 元；家庭设备、用品及服务花费 480.84 元。其中与现代服务业相关的产业交通和通信花费 859.04 元；教育文化、娱乐服务花费 863.36 元；杂项商品和服务花费 302.17 元。从数据中可以看出宁夏在六个民族地区中生活水平适中，但消费水平落后，尤其对现代服务业的消费水平更低。

第三章
宁夏现代服务业发展概况

2014 年，国务院发布《关于加快发展生产性服务业促进产业结构调整升级的指导意见》，宁夏先后出台了金融、旅游、健康、养老、科技、信息消费、文化创意和设计服务、物流业、电子商务、服务外包等一系列支持发展生产性、生活性服务业的文件和配套政策，为宁夏现代服务业的发展提供了政策支持和发展机遇。近年来宁夏现代服务业发展迅速，全区现代服务业增加值总量不断增加，内部结构不断优化，服务业吸纳就业的能力日益凸显。

第一节　宁夏现代服务业发展现状

一、宁夏现代服务业发展规模

近年来，宁夏服务业规模不断扩大，2004 年服务业增加值 225.64 亿元，2005 年为 252.79 亿元，2007 年发展规模增至

339.49 亿元。从增长速度看，2005 年比 2004 年增长了 10.9%，2007 年比 2006 年增长了 24.7%。其中，现代服务业发展迅速，现代服务业增加值由 2004 年的 105.39 亿元增加至 2007 年的 164.2 亿元（见表 3-1）。2009~2014 年，宁夏现代服务业迎来高速发展期，2009 年宁夏现代服务业增加值为 463.63 亿元，到 2014 年增加了 530.12 亿元达到 993.75 亿元，增加了 1.14 倍；人均地区生产总值从 2009 年的 21777 增加到 2014 年的 41834，增加了 20057；城镇居民人均消费性支出从 2009 年的 10280 增加到 2014 年的 17216，增加了 6936（见表 3-2）。2014 年，宁夏现代服务业生产总值增长速度为 8.35%，固定资产投资增长速度为 21.18%，现代服务业固定资产投资比重为 47.85%，宁夏现代服务业增加值比工业增加值多 20.22 亿元，首次超过工业增加值，成为宁夏经济发展的新动力。

表 3-1　宁夏各产业发展总水平及现代服务业发展水平（2004~2007）

	增加值（亿元）				构成（%）			
	2004	2005	2006	2007	2004	2005	2006	2007
总计	537.11	606.1	710.76	889.2	100	100	100	100
一、第一产业	67.42	72.08	79.54	97.89	12.55	11.89	11.19	11.01
二、第二产业	244.05	281.23	349.83	451.82	45.44	46.4	49.22	50.81
三、第三产业	225.64	252.79	281.39	339.49	42.01	41.71	39.59	38.18
其中：现代服务业	105.39	116.88	131.67	164.2	19.6	19.3	18.5	18.5

表 3-2　宁夏现代服务业发展状况（2009~2014）

	2009	2010	2011	2012	2013	2014
人均地区生产总值（元）	21777	26860	33043	36394	39613	41834
城镇居民人均消费性支出（元）	10280	11334	12896	14067	15321	17216

续表

	2009	2010	2011	2012	2013	2014
工业增加值（亿元）	520.38	643.05	816.79	878.63	933.12	973.53
现代服务业增加值（亿元）	463.63	681.95	714.78	815.19	917.13	993.75
现代服务业就业人员比重（%）	51.19	56.37	50.46	51.52	52.73	53.69
现代服务业固定资产投资比重（%）	45.93	48.25	45.31	46.12	46.72	47.85
现代服务业生产总值增长速度（%）	21.33	37.09	5.81	7.05	7.51	8.35
现代服务业就业人员增长速度（%）	2.97	4.12	2.89	3.01	3.27	3.69
现代服务业固定资产投资增长速度（%）	20.09	25.26	19.39	20.17	20.63	21.18
工业增加值占 GDP 比重（%）	38.45	38.06	38.83	37.53	36.2	35.37
现代服务业增加值占 GDP 比重（%）	34.26	40.36	34.00	34.32	35.58	36.11
现代服务业增加值占服务业比重（%）	82.16	87.10	81.93	82.12	82.99	83.2

经过十几年的发展，宁夏经济发展水平明显提高了，人们家庭生活条件也有所改善，现代服务业增加值占 GDP 比重都在逐年增长。2015 年，宁夏生产总值达到 2911.8 亿元，是 2010 年的 1.7 倍，年均增长 9.9%，高于全国平均水平近 2 个百分点；人均地区生产总值达到 43805 元；城镇、农村常住居民人均可支配收入分别达到 25186 元和 9119 元，年均分别增长 10.8%和 12.2%；宁夏服务业增加值年均增长 7.9%，达到 1294.3 亿元，占 GDP 比重 44.4%，对经济增长的贡献率为 37.9%；全区服务业固定资产投资由 2010 年的 686 亿元增加到 2015 年的 1704 亿元，增速快于全社会和第二产业固定资产投资。

二、宁夏现代服务业行业结构

2004~2007 年，宁夏现代服务业各行业增加值增长明显，发展最快的是金融保险业、教育、房地产业和信息服务业，其增加值分别是 47.81 亿元、28.86 亿元、28.07 亿元和 27 亿元，在现代服务业增加值所占比重为 29.11%，17.58%，17.09% 和 16.44%（见表 3-3）。增加最少的是科学研究、技术服务和地质勘查业，为 1.42 亿元。虽然各行业增加值都有所增加，但占 GDP 的比重变化却不同。2007 年行业增加值占 GDP 的比重与 2006 年行业增加值占 GDP 的比重基本保持不变的是信息传输、计算机服务和软件业，租赁和商务服务业；比重增加的是金融业，科学研究、技术服务和地质勘查业，文化、体育和娱乐业；减少的是房地产业，教育，卫生、社会保障和社会福利业，如图 3-1 所示。

表 3-3　宁夏现代服务业内部行业发展水平（2004~2007）

	现代服务业各行业增加值（亿元）				各行占现代服务业增加值（%）			
	2004	2005	2006	2007	2004	2005	2006	2007
（1）信息传输、计算机服务和软件业	16.96	19.1	21.59	27	16.09	16.34	16.39	16.44
（2）金融业	27.92	32	35.93	47.81	26.49	27.38	27.29	29.11
（3）房地产业	20.78	22.61	24.7	28.07	19.71	19.34	18.76	17.09
（4）租赁和商务服务业	4.97	5.19	5.64	6.99	4.71	4.44	4.28	4.26
（5）科学研究、技术服务和地质勘查业	5.16	5.84	6.31	8.31	4.90	5.00	4.79	5.06
（6）教育	18.25	20.45	24.24	28.86	17.32	17.50	18.40	17.58
（7）卫生、社会保障和社会福利业	8.44	8.73	10.23	12.71	8.02	7.47	7.77	7.74
（8）文化、体育和娱乐业	2.91	2.96	3.03	4.45	2.76	2.53	2.30	2.71

资料来源：宁夏统计年鉴（2005~2009）。

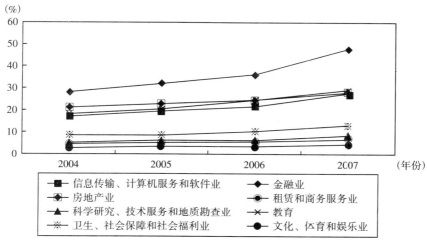

图 3-1　2004~2007 年现代服务业内部结构趋势图

随着现代服务业的快速发展，宁夏现代服务业内部结构不断优化，逐渐形成了现代服务业与传统服务业共同发展的新格局。2010~2015 年，交通运输仓储和邮政业、批发和零售业、住宿和餐饮业等传统服务业占服务业增加值比重由 37.4% 下降到 30.2%；金融服务业快速成长，占服务业增加值比重由 13.8% 提高到 20.2%，成为服务业第一大行业；云计算、物联网、电子商务、大数据、信息服务等快速发展，新业态、新模式不断涌现，包括租赁和商务服务业、科技服务等其他服务业占比达到 41%。

三、宁夏现代服务业的就业

2007 年，宁夏现代服务业共吸纳就业人数 212218 人，其中吸纳就业人数最多的是教育事业为 75831 人；其次是卫生、社会保障和社会福利业，吸纳就业人数为 29016 人；第三是金融业，吸纳就业人数为 25607 人；吸纳就业人数最少的是科学研究、技术服务和地质勘查业，为 12112 人。在三大产业中吸纳就业人员数最多的是第一产业，占总就业人员数的 45.7%；其次是第三产业，占总就业人数的 31.6%；第二产业吸纳就业人数最少，只占总就业人数的 22.7%。其中，现代服务业吸纳就业人数只占总就业人数的 6.9%，占第三产业总就业人数的 21.7%。2009~2014 年间，宁夏现代服务业就业人员比重由 51.19% 增加至 53.69%；现代服务业占服务业比重由 2009 年的 82.16% 增加至 83.2%。

2015 年，宁夏服务业就业人员占全社会就业人员比重达到 35.5%，较 2007 年提高 3.9 个百分点，其中宁夏沿黄经济区服务业发展占全区服务业增加值的比重达到 74.7%。随着中阿博览会永久举办地的确立和阅海湾中央商务区的建设，银川已经成为宁夏现代服务业发展的新地标和中阿经贸合作示范区。2014 年，银川 iBi 育成中心入驻企业达 300 多家，园区涵盖软件开发、电子商务、云计算、物联网、文化创意、基因检测等领域，网络交易额达 2500 亿元，实现利润总额 2.2 亿元，跻身全国产业园"创新力"百强，获评全国最具竞争力的信息产业园区。服务企业在空间上的集聚，增强了集聚地企业的资源整合能力，降低了生产成本，促进了行业技术创新。集群内的服务企业在专业员工招聘方面更为国际化、更具开放性、与全球经济的互动更为频繁并拥有更多的市场机会。

第二节　宁夏现代服务业发展综合水平测评

一、现代服务业评价指标体

在结合现代服务业特征基础上，我国学者对现代服务业评价指标的选择上进行了大量的研究。章义（2008）从发展基础、发展规模、发展速度、结构层次和产业潜力五个方面，人均GDP、城镇居民消费性支出、工业增加值、大专以上学历人数、现代服务业增加值、人均现代服务业增加值、城镇单位中现代服务行业就业人员、现代服务行业投资、人均现代服务行业、现代服务业增加值增长速度、城镇单位现代服务行业就业人员增长速度、现代服务行业投资增长速度、工业增加值占GDP的比重、现代服务业增加值占GDP的比重、现代服务业增加值占服务业的比重、金融业增加值、房地产业增加值、专利申请量、技术市场成交总额19个具体量化指标对宁夏现代服务业发展水平进行综合评价。

袁峰（2016）从发展的环境、规模、速度和潜力四个方面，城镇居民人均现金消费支出、现代服务业生产总值、每十万人口高等教育平均在校生数、现代服务业就业人员比重、地区互联网普及率、现代服务业固定资产投资比重、人均地区生产总值、现代服务业生产总值增长速度、地区R&D经费内部支出全时当量、现代服务业就业人员增长速度、现代服务业生产总值贡献率、各地区 R&D 人员、现代服务业固定投资资产增长速度 14 个具体量化指标对现代服务业发展水平进行综合评价。

　　本书从现代服务业的定义及特征入手，结合国内现代服务业分类经验，根据行业供给服务的商品特性，从发展基础、发展规模、发展速度、结构层次 4 个方面，选取 12 个量化指标对现代服务业发展水平进行综合评价，以便较为科学、全面、系统地评价现代服务业的发展状况，如表 3-4 所示。

表 3-4　现代服务业发展水平评价指标

描述指标	量化指标	指标解释
发展基础	人均地区生产总值（元）	地区生产总值/地区总人口
	城镇居民人均消费性支出（元）	—
	工业增加值（亿元）	—
发展规模	现代服务业增加值（亿元）	—
	现代服务业就业人员比重（%）	现代服务业就业人员/就业总人数
	现代服务业固定资产投资比重（%）	现代服务业固定资产投资/固定资产总投资
发展速度	现代服务业生产总值增长速度（%）	（本年现代服务业 GDP−上年现代服务业 GDP）/上年现代服务业 GDP
	现代服务业就业人员增长速度（%）	（本年现代服务业就业人员−上年现代服务业就业人员）/上年现代服务业就业人员
	现代服务业固定资产投资增长速度（%）	（本年现代服务业固定资产投资−上年现代服务业固定资产投资）/上年现代服务业固定资产投资
结构层次	工业增加值占 GDP 比重（%）	工业增加值/GDP
	现代服务业增加值占 GDP 比重（%）	现代服务业增加值/GDP
	现代服务业增加值占服务业比重（%）	现代服务业增加值/服务业

二、建模方法

（一）基本思想

　　突变级数法是以突变理论为基础，利用动态系统的拓扑理论构建现象中非连续性变化的数学模型，在不涉及现象内在机理的情况下，研究现象的质变过程。运用突变级数法对现代服务业进行评价分析，首先对整个现代服务业进行分解，从上到下分解成不同层次，即描述指标层和量化指标层，形成倒立树状结构；其次根据量化指标层变量个数确定突变模式，对数据标准化和归一化得出描述指标层数值；最后对描述指标层数值进行归一化处理、递归为一个总参数，用于评价现代服务业。

由于现代服务业范围广泛，包含的行业也比较多。使用突变级数法模型对现代服务业数据进行处理，有助于简化处理过程，并能通过对评价指标的分析，实现对现代服务业发展总体水平的量化评测。

（二）建模步骤

第一，建立多个不同层次评价指标体系。分解现代服务业发展水平直到底层量化指标能够计算以及衡量，一般每个不同层次的系统中评价指标个数不大于 4 个，并且指标之间按重要程度横向排列。

第二，选择多个不同层次初等突变形式。突变级数法的初等突变形式有 7 种，常见的有折叠、尖点、燕尾、蝴蝶等四种突变形式，这四种突变模型中变量分别被分解成 1 个、2 个、3 个以及 4 个控制变量。本书选用有燕尾突变和蝴蝶突变。

燕尾突变模型为：

$$g(x) = \frac{1}{5}x^5 + \frac{1}{3}ax^3 + \frac{1}{2}bx^2 + cx \qquad (1)$$

蝴蝶突变模型为：

$$g(x) = \frac{1}{6}x^6 + \frac{1}{4}ax^4 + \frac{1}{3}bx^3 + \frac{1}{2}cx^2 + dx \qquad (2)$$

式中，g(x) 为状态变量 x 的势函数，系数 a、b、c、d 为状态变量 x 的控制变量，系数 a、b、c、d 的顺序代表控制变量的重要程度。

第三，数据标准化处理。突变级数法需要对各个指标数据进行统一化处理，促使各个指标数据都处于 [0，1] 区间内，所以在进行计算前，应该采用极值法进行数据标准化，标准化公式为：

$$y = \frac{x - \min(x)}{\max(x) - \min(x)} \tag{3}$$

第四，对 g(x) 求一阶导数得到势函数的所有临界点集合成平衡曲面方程，求二阶导数得到其分叉点集方程。

燕尾突变分叉点集方程为：

$$a = -6x^2, \quad b = 8x^3, \quad c = -3x^4 \tag{4}$$

蝴蝶突变分叉点集方程为：

$$a = -10x^2, \quad b = 20x^3, \quad c = -15x^4, \quad d = 4x^5 \tag{5}$$

通过交叉集方程导出突变模糊隶属函数。

燕尾突变归一化公式为：

$$x_a = a^{\frac{1}{2}}, \quad x_b = b^{\frac{1}{3}}, \quad x_c = c^{\frac{1}{4}} \tag{6}$$

蝴蝶突变归一化公式为：

$$x_a = a^{\frac{1}{2}}, \quad x_b = b^{\frac{1}{3}}, \quad x_c = c^{\frac{1}{4}}, \quad x_d = d^{\frac{1}{5}} \tag{7}$$

第五，运用归一化公式进行模糊评价。互补型和非互补型是根据指标之间的关联性去判断的，按"大中取小"的原则选择控制变量，非互补型用最小值去取描述指标层数据，互补型指标用平均值去取描述指标层数据。各层次递归计算，最终得到评价目标的综合得分。

（三） 数据收集

本书对宁夏 2009~2014 年统计数据进行研究，分别选取金融业，交通运输、仓储和邮政业，租赁和商务服务业，科学研究和技术服务业，信息传输、计算机服务和软件业，教育、文化体育和娱乐业，房地产业，公共管理和社会组织等现代服务业行业数据进行数据收集，并从发展基础、发展规模、发展速度、结构层次 4 个方面进行分析，其结果如表 3-5 所示。

（四） 评价与分析

1. 量化指标层的重要性排序

由于突变级数法需要对同一层次指标进行重要性排序，通过运用 SPSS 软件对数据采用主成分分析，从而对指标排序。描述指标"发展规模"下有三个量化指标分别为现代服务业增加值、现代服务业就业人员比重、现代服务业固定资产投资比重，根据对发展基础进行主成分分析计算出的系数分别为 0.987，0.993，0.996，按从大到小排序，发展规模的横向顺序为现代服务业固定资产投资比重、现代服务业就业人员比重、现代服务业增加值，如表 3-6 所示。

描述指标"发展规模"下有三个量化指标现代服务业增加值、现代服务业就业人员比重、现代服务业固定资产投资比重，通过主成分分析计算出的系数分别为 0.987，0.993，0.996，按从大到小排序，发展规模的横向顺序为现代服务业固定资产投资比重、现代服务业就业人员比重、现代服务业增加值，如表 3-7 所示。

表3-5 2009~2014年宁夏现代服务业发展状况

年份	人均地区生产总值（元）	城镇居民人均消费性支出（元）	工业增加值（亿元）	现代服务业增加值（亿元）	现代服务业就业人员比重（%）	现代服务业固定资产投资比重（%）	现代服务业生产总值增长速度（%）	现代服务业就业人员增长速度（%）	现代服务业固定资产投资增长速度（%）	工业增加值占GDP比重（%）	现代服务业增加值占GDP比重（%）	现代服务业增加值占服务业比重（%）
2009	21777	10280	520.38	463.63	51.19	45.93	21.33	2.97	20.09	38.45	34.26	82.16
2010	26860	11334	643.05	681.95	56.37	48.25	37.09	4.12	25.26	38.06	40.36	87.10
2011	33043	12896	816.79	714.78	50.46	45.31	5.81	2.89	19.39	38.83	34.00	81.93
2012	36394	14067	878.63	815.19	51.52	46.12	7.05	3.01	20.17	37.53	34.82	82.12
2013	39613	15321	933.12	917.13	52.73	46.72	7.51	3.27	20.63	36.20	35.58	82.99
2014	41834	17216	973.53	993.75	53.69	47.85	8.35	3.69	21.18	35.37	36.11	83.20

表 3-6 发展基础的因子系数

	初始	提取
人均地区生产总值（元）	1.000	0.997
城镇居民人均消费性支出（元）	1.000	0.968
工业增加值（亿元）	1.000	0.983

表 3-7 发展规模的因子系数

	初始	提取
现代服务业增加值（亿元）	1.000	0.987
现代服务业就业人员比重（%）	1.000	0.993
现代服务业固定资产投资比重（%）	1.000	0.996

描述指标"发展速度"下有三个量化指标分别为现代服务业生产总值增长率、现代服务业在岗人数增长率、现代服务业固定资产投资增长率，通过计算得出的系数分别为 0.504，0.885，0.949，按从大到小排序，发展规模的横向顺序为现代服务业固定资产投资增长速度、现代服务业就业人员增长速度、现代服务业生产总值增长速度，如表 3-8 所示。

表 3-8 发展速度的因子系数

	初始	提取
现代服务业生产总值增长速度（%）	1.000	0.504
现代服务业在岗人数增长速度（%）	1.000	0.885
现代服务业固定资产投资增长速度（%）	1.000	0.949

描述指标"结构层次"下有三个量化指标工业增加值占 GDP 比重、现代服务业增加值占 GDP 比重、现代服务业增加值占服务业比重，通过主成分分析计算出系数分别为 0.929，0.966，0.925，按从大到小排序，发展规模的横向顺序为

现代服务业增加值占 GDP 比重、工业增加值占 GDP 比重、现代服务业增加值占服务业比重，如表 3-9 所示。

表 3-9　结构层次的因子系数

	初始	提取
工业增加值占 GDP 比重（%）	1.000	0.929
现代服务业增加值占 GDP 比重（%）	1.000	0.966
现代服务业增加值占服务业比重（%）	1.000	0.925

2. 少数民族地区现代服务业综合指数比较

以宁夏 2014 年数据为例，首先对量化指标层数据进行标准化处理，其次进行归一化处理，从而得出量化指标层数据处理结果，最后运用量化指标层数据处理结果计算描述指标层数据。人均地区生产总值的标准化处理如表 3-10 所示。

人均地区生产总值 =（41834 - 16268)/(65942 - 16268）= 0.51

表 3-10　2014 年宁夏数据处理指标

描述指标	量化指标	原始值	标准化	归一化	描述指标值
发展基础	人均地区生产总值（元）	41834	0.51	$0.71=0.51^{(1/2)}$	非互补型 0.68=min（0.71，0.68，0.85）
	工业增加值（亿元）	973.53	0.32	$0.68=0.32^{(1/3)}$	
	城镇居民人均消费性支出（元）	17216	0.53	$0.85=0.53^{(1/4)}$	
发展规模	现代服务业固定资产投资比重（%）	47.85	0.53	$0.73=0.53^{(1/2)}$	互补型 0.73=(0.73+0.60+0.85)/3
	现代服务业就业人员比重（%）	53.69	0.22	$0.60=0.22^{(1/3)}$	
	现代服务业增加值（亿元）	993.75	0.52	$0.85=0.52^{(1/4)}$	

描述指标	量化指标	原始值	标准化	归一化	描述指标值
发展速度	现代服务业固定资产投资增长速度（%）	21.18	0.63	$0.79=0.63^{(1/2)}$	互补型 $0.68=(0.79+0.77+0.49)/3$
	现代服务业就业人员增长速度（%）	3.69	0.46	$0.77=0.46^{(1/3)}$	
	现代服务业生产总值增长速度（%）	8.35	0.06	$0.49=0.06^{(1/4)}$	
结构层次	现代服务业增加值占GDP比重（%）	36.11	0.58	$0.76=0.58^{(1/2)}$	非互补型 $0.64=min(0.76, 0.64, 0.88)$
	工业增加值占GDP比重（%）	44.48	0.26	$0.64=0.26^{(1/3)}$	
	现代服务业增加值占服务业比重（%）	83.2	0.61	$0.88=0.61^{(1/4)}$	

通过对五个少数民族自治区 2009~2014 年的量化指标层数据进行运算，获取相关数据表示描述指标层数据，再次采用 SPSS 软件对描述指标层数据进行主成分分析，从而得出横向排序为结构层次（A）、发展基础（B）、发展规模（C）、发展速度（D）。发展水平评价模型如图 3-2 所示，用"a，b，c，d"表示量化指标层重要程度。综合指数值，如表 3-11 所示。

通过对描述层指标进行归一化处理计算最终得到宁夏现代服务业发展水平。

运用同样的方法，选取五个少数民族自治区数据，得出五个少数民族聚居地的 2009~2014 年现代服务业发展水平综合指数值，结果如表 3-12 所示。

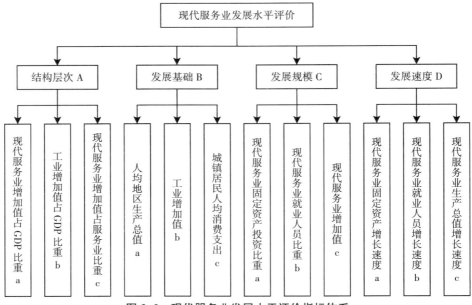

图 3-2　现代服务业发展水平评价指标体系

表 3-11　2014 年宁夏现代服务业综合指数值

描述指标	原始值	归一化	综合指数值
结构层次	0.64	0.80	非互补型 0.80=min (0.80，0.88，0.92，0.93)
发展基础	0.68	0.88	
发展规模	0.73	0.92	
发展速度	0.68	0.93	

表 3-12　2009~2014 年少数民族自治区现代服务业发展水平综合指数值

年份	宁夏	内蒙古	广西	新疆	西藏
2009	0.70	0.75	0.74	0.67	0.63
2010	0.71	0.75	0.76	0.69	0.63
2011	0.73	0.77	0.77	0.74	0.63
2012	0.75	0.75	0.78	0.76	0.67
2013	0.75	0.79	0.78	0.77	0.65
2014	0.80	0.83	0.81	0.79	0.72

从现代服务业发展水平综合指数上看，2009~2014 年少数民族自治区现代服务业发展迅速，发展水平差距逐年也在缩小。2009 年，宁夏现代服务业发展综合指数为 0.70，与排名第一的内蒙古在综合指数上相差 0.05；2014 年，宁夏在五个少数民族地区现代服务业综合指数中排名第三，但与排名第一的内蒙古仅差 0.03。从总体发展趋势上看，2009~2014 年，广西现代服务业发展水平较高，其次是内蒙古和宁夏，新疆、西藏现代服务业发展水平相对较低，如图 3-3 所示。

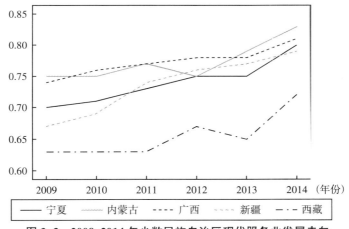

图 3-3　2009~2014 年少数民族自治区现代服务业发展走向

第四章
宁夏现代服务业发展中的金融业

现代服务业发展离不开金融业的支持，金融业是现代服务业发展的主力，也是现代经济发展的核心。改革开放以来，宁夏主动融入全国和世界发展大格局，打"开放牌"、走"开放路"，使宁夏焕发出了勃勃生机。

第一节　宁夏金融业发展现状

一、金融业在宁夏经济中的地位显著提升

2015年，宁夏金融业增加值达到261.6亿元，年均增长15.4%，占GDP的比重由5.8%提升至9%。金融业增加值占服务业增加值的比重为20.2%，已成为服务业发展的支柱产业，金融服务业的影响力日益提升。2011~2015年，宁夏银行、证券、保险业等金融机构总资产达到7823.6亿元，较2010年末增长124.2%；社会融资规模累计增加3244.2亿元，人民币贷款余额

从 2398.7 亿元增长到 5117.8 亿元，年均增长 16.2%。保险业原保费收入达到 103.3 亿元，累计赔付支出 122.3 亿元。

二、多元化金融体系逐渐形成

目前，宁夏已引进和组建各类金融机构 46 家，初步建立起包括商业银行、证券公司、保险公司、基金管理公司、信托公司、期货公司等类型齐全的金融机构体系。截至 2015 年，宁夏共引进全国性股份制商业银行 4 家，证券公司 27 家，保险公司省级分公司 4 家，新设村镇银行 9 家、小额贷款公司 179 家、融资担保公司 40 家，引导推动民间资本成立私募基金 51 家，管理基金 13 只，基金规模达 11.39 亿元。

三、金融市场功能不断完善

2015 年，宁夏共有上市公司 12 家，市值 817.34 亿元，实现再融资 116.40 亿元。在债市市场上，宁夏债券种类也由单一的企业债形式发展为政府债、企业债、金融债、中小企业私募债、中期票据、项目收益债等多种债券形式，发债额达 638 亿元，金融市场功能不断完善。在金融改革上，宁夏金融创新能力不断增强，金融服务水平不断提高。通过增资扩股、战略投资者引入、民间资本入股等方式，先后推进了宁夏银行、黄河农村商业银行、石嘴山银行等地方银行的改革，增强了地方银行的资本实力和抗风险能力。随着中阿博览会的召开和"一带一路"倡议的推进，宁夏与世界各国的交流合作不断扩大，实现与欧美、中东、东北亚等 120 多个国家和地区的贸易往来，在 28 个国家和地区设立了 95 家境外企业，对外直接投资累计达 20 亿美元。

第二节　宁夏金融业发展面临的问题

一、信息技术应用能力不强，融资体系不健全

随着网络技术的广泛应用和互联网金融创新能力的不断增强，金融与非金融之间的界限逐渐模糊。银行、证券、保险等主流金融行业借助网络科技快速发展的同时，互联网金融等新型金融业态也蓬勃兴起，传统金融机构面临着经营理念和业务模式革新的双重挑战。与发达地区相比，宁夏经济发展水平不高，金融开发技术落后，电子化金融服务品种少，严重制约了经济主体对金融服务的需求。从金融服务业内部结构看，银行业依然占据绝对主体地位，国有独资银行存贷款余额占全部金融机构的比例高，债券市场、外汇市场和金融衍生市场发展严重滞后，金融机构集聚度不高。

二、信用体系不健全，风险管理能力有待提高

在金融政策上，宁夏金融法规、制度相对滞后，很多监管举措还停留在"文件""政策"层面，操作性差，很大程度上制约了宁夏金融环境的优化。在金融监管方面，由于缺少资产评估、信用担保、律师事务所等第三方信贷中介服务公司，还主要依靠银监会、保监会和证监会，社会监管能力不足。部分企业减产停产，风险不断向金融体系转移，银行不良率上升，企

业道德风险和担保代偿增加，信贷资产质量管控的压力增大，关联企业贷款、循环担保贷款风险引发企业资金链断裂的连锁反应和区域性金融风险依然存在。

三、金融创新动力不足，高端金融人才缺乏

一方面，宁夏金融业创新动力不足，适合经济发展需要的金融产品创新、服务创新和机制创新缺乏，金融供给与金融需求的匹配度不高，"三农"、中小微企业融资难、融资贵、融资慢的问题依然突出。

另一方面，我区金融人才培养体制机制还不够完善，受地理位置、薪资水平等限制，对高层次金融人才的吸引力有限。银行、证券、保险等金融领域的高层次人才少，从事与金融相关的法律、会计、审计、评估等方面的人才紧缺。

第三节　进一步加快宁夏金融业发展的举措

金融服务业是现代服务业的重要组成部分。金融服务业的发展将促进金融市场中心、金融产品创新中心、金融服务中心和金融人才集聚中心的加快形成，有利于完善金融市场，优化金融环境。宁夏要加快发展服务业，尤其要发展以金融业为主的现代服务业，从而推动地区经济更快、更好发展。

一、构建多元化的融资体系，完善现代金融体系

发展地区性商业银行，引导民间资本和小额贷款机构的健康发展，鼓励股份制商业银行和外资金融机构在民族地区设立分支机构。从目前企业发展的现状看，宁夏企业资金力量相对薄弱，抗风险能力低，融资渠道相对狭窄，企业主要依靠国内资金的支持，对国外资金的引入明显不足。应关注和适应国际产业发展潮流，采用多种形式利用外资，实现融资渠道多元化。

进一步完善间接融资体系，保持适当的信贷规模和增长速度，以资金的增量带动产业结构调整。稳步推进证券业的改革和发展，推动证券经营机构与企业对接，引导企业通过主板、中小板、创业板上市和"新三板"、区域股权市场挂牌。培育发展期货交易市场，提高企业对期货市场的认知和参与度，发挥期货市场的价格发现、风险分散和推进经济转型升级的作用。

加快发展现代保险业，完善农业保险制度，不断丰富涉农保险品种，大力发展农村小额人身保险、小额贷款保证保险等普惠保险业务，不断提升"三农"保险服务水平，鼓励支持企业运用公司债、企业债、集合债、私募债、中期票据、短期融资券等多样化的债券品种扩大融资规模，不断提高企业的债券融资比例。

此外，宁夏金融业对知识经济时代抢占信息的必要性和紧迫性认识不足，网上金融服务业发展缺乏统一的规划和标准，致使客户信息不能得到深入的挖掘，客户需求及潜在需求得不到满足，造成极大的资源浪费。民族地区金融业要在电子化进程中加强交流与合作，制定统一的发展规划和标准，实现信息

共享，从而改变我国目前金融企业各自为营的交易体系现状。建立基于企业、个人信用征信系统的信用咨询服务平台，实现企业和个人信誉的跟踪记录和监控，规范个人和企业的商业行为，最终实现全社会信用信息共享；积极发展网络金融业务，明确网上银行的发展模式，推进网络银行业务。针对电子商务环境下服务的新特点，制定有关网络银行、金融结算、电子监管等相应的政策法规，加强执法力度，切实做到有法可依，有法必依，执法必严。

二、完善信用体系，加强风险管理

金融中介服务机构，是指在金融市场活动中，以独立第三方身份接受委托，运用专业知识，提供评估、代理、咨询等服务的机构，如事务所，咨询机构等。金融中介服务机构是金融组织体系的有机组成部分，完善的金融中介服务体系可以降低金融成本，提升金融服务水平。与发达地区相比，宁夏金融中介服务机构无论在覆盖度还是分化度方面都存在明显的差距。积极推进小微企业金融服务中心、科技金融服务中心、私募股权基金管理中心和农村产权、金融资产交易等服务平台建设，加速资本、土地、技术、信息等要素的交易和融合。支持与金融相关的会计审计、法律服务、资产评估、投资咨询等专业中介服务机构规范发展。鼓励发展金融数据处理、金融软件开发等金融服务。鼓励第三方存货监管机构围绕农产品存货、畜禽活体开展仓储抵质押业务，拓宽"三农"融资渠道。引进和培育信用中介服务机构，鼓励创新信用产品，开展信用评级，建立评级与融资相结合的机制，提升服务能力。支持各类金融行业自律组织设立和发展，发挥各类金融商会、促进会、学会等组织的独特优势，强化自律管理和服务功能，促进信息交流，优化服务环境。宁夏金融中介体系，即包括保险精算、担保服务、咨询服务等在内的金融服务体系有待健全。加快发展信用评级机构，规范企业担保机构，大力发展金融咨询、风险投资、消费者信贷等服务机构，整体提升宁夏金融服务业的专业化水平。

此外，宁夏金融业需加快内部组织结构改革，在建立独立有效的内部组织结构的同时，加强风险管理，从而形成强有力的内部控制系统。在风险管理上，宁夏金融业可以采用矩阵式管理，即在以业务主线为核心的纵向管理的基础上，各分行的高管层对风险进行横向管理；同时通过内审、外审等手段实现对风险的实时监测。以银行业为例，由于风险贯穿于银行业务的全过程，应建立科学的激励和制约机制，使各级经营管理人员，无论是董事长，还是一线柜员，积极投身于风险管理之中，实现对风险的全员、全过程管理。风险管理不是某个人或者某个部门的事，而是贯穿于全行、全员，贯穿到业务的每个环节，依赖于从高管人员到基层员工各层次人员的相互配合。运用信息技术完善地方金融信息动态收集、报送、发布制度，建立地方金融统计分析、形势研判和重大事项报告制度，为全区金融工作提供及时、准确、快捷的统计监测分析数据，提高金融风险重大事件应急反应处置能力。建立健全村镇银行、小额贷款公司、融资担保机构以及第三方支付、互联网金融等新型金融业态风险信息报送和防控体系，完善全区小额贷款公司非现场监管系统和融资担保机构业务监管与预警系统。

三、推进信息技术应用，加强网上技术开发，促进金融产品和服务创新

加入世界贸易组织以来，我国金融业同其他行业一样也面临着"国内市场国际化"的激烈竞争。特别是在以网络化、信息化为特点的电子商务环境下，宁夏金融业应重视技术创新，并在引入新技术的同时，加快引进和人才培养，提升银行创新能力。在加强对既懂金融知识又懂网络技术的现代化人才培养的同时，通过落实和完善人才政策，建立完善的人才引进和激励机制，为现代金融服务业发展提供人才支持和智力支撑。在产品和服务创新上，宁夏金融业应在实现产品标准化、系列化的基础上，提供个性化的服务产品，加快金融衍生品和创新服务的推出。金融衍生品具有技术含量高、交易工具复杂和专业化的特点，不仅有利于规避市场风险，而且有利于提高市场流动性。加强网上银行建设，努力提高其服务质量，包括服务的可靠性、响应性和安全性。网上服务系统应在任何时间都是可用的，包括软件下载的速度快，网站提供的外部与站内链接都能正确地执行，网站提供的各项服务能够正确、快速地执行等。此外，网上服务还应具备迅速解决问题的能力，为客户提供服务向导和在线服务帮助可以帮助客户迅速解决问题。安全性的防范至关重要，只有安全性好的网站才能获得顾客的信任。在经营方面，民族地区金融业应加强对传统营销渠道和网络渠道的有机整合，利用网络化手段锁定已有客户、培养新客户，加强对客户电子习惯的培养。

鼓励金融机构运用大数据、云计算等新兴信息技术，打造

互联网金融服务平台，积极开发新产品和新服务，为客户提供信息、资金、产品等全方位金融服务。支持、培育、规范发展第三方支付、股权众筹和网络借贷等互联网金融业态，构建主流金融业态与新型金融业态协调发展的格局。鼓励国有资本主导、民间资本参与发起设立助贷业务机构。支持民间借贷登记服务机构发展，为民间借贷双方提供信息登记和发布、资产评估、信用评价、融资对接、借贷担保、合同公证和法律咨询等综合性金融服务。

第四节　基于宁夏网上银行服务质量的实证研究

一、网上银行服务质量相关理论概述

网上银行也称网络银行、在线银行，是指利用 Internet、Intranet 及相关技术处理传统的银行业务及支持电子商务网上支付的新型银行。它实现了银行与客户之间安全、方便、友好、实时的连接，可向客户提供开户、销户、查询、对账、行内转账、跨行转账、信贷、网上证券、投资理财以及其他贸易或非贸易的全方位银行业务服务。可以说，网上银行是在 Internet 上的虚拟银行柜台。网上银行以一种全新的银行与客户的合作方式即 "3A"——"ANYWHERE，ANYTIME，ANYHOW" 的方式，为客户提供服务。它使用户可以不受时空的限制，只要能够上网，无论在家里、办公室，还是在旅途中，都能够方便快捷地管理自己的资产和享受银行的服务。按照经营组织形式的不同，网上银行可以分为分支型网上银行和纯网上银行，这是一般研究中常采用的分类方法。

由于电子服务环境与传统服务环境不同，网上银行服务质量的评价体系在学术界中尚未形成共识。Jun 和 Cai（2001）从银行产品服务质量、顾客服务质量和在线系统质量三个大的维度研究了网上银行服务质量。Yang、Jun 和 Peterson（2004）将网上银行服务质量通过顾客服务质量、在线系统质量和产品目录三大维度，17 个子问项进行了实证分析。Hans H. Bauer，Maik Hammerschmidt 和 Tomas Falk 等（2005）通过对银行、电子商务咨询公司进行深入访谈的方式，形成 110 个指标的初始模型。该模型包括六大基本质量维度：安全与信任、基础服务质量、非购买性服务质量、附加价值、交易支持和响应能力。这六维度又归属于三类服务：核心服务，附加服务和解决问题的服务。张巍、张金成和张灏（2007）探讨了网上银行服务质量的影响维度。他们将银行网站电子服务质量维度隐性变量划分为外观、可靠性、响应性、移情性、安全性、敏感性、价格性、瑕疵性、技术性、信息功效十大维度。

本书通过对国内外网上银行服务质量的理论回顾和梳理，列出了基于六大维度的网上银行服务质量研究模型。如表 4-1 所示。

表 4-1 网上银行服务质量维度表

网上银行服务 质量测量维度	各个维度的具体含义	来源
基础服务质量	网上银行的基础性服务包括传统的银行基本业务，如账户查询、账户修改、设置、挂失等，汇款转账，自助缴费等以及投资业务，同时还包括支付交易。基础服务水平体现在各项子服务的服务水平和服务的选择性上	Hans 等，2005
附加服务质量	附加服务更确切的是指基础服务之外的创新服务，网上银行吸引顾客的程度取决于传统银行产品之外的附加网上银行服务能否满足顾客的需求，目前来看，它主要涉及在线贷款、理财服务、金融产品的选择比较等。另外，完善动态的资讯服务对吸引顾客也很重要	Hans 等，2005
外观	电子服务质量主要是顾客与界面进行交流，所以它主要是指界面是否友好、内容是否容易理解、导航是否清楚等	张巍等，2007
易用性	指网上银行系统在任何时间都是可用的，软件下载的速度很快，网站提供的外部与站内链接都能正确地执行，网站提供的各项服务能够正确、快速地执行，容易注册，容易进入页面等	Jun and Cai，2001
响应性	是指帮助顾客并迅速提高服务水平的愿望，这里主要是指顾客与网络程序或网管之间沟通的对应程度和效果。该效果体现在及时的信息支持上。例如：及时反馈用户的资金操作结果，及时反馈用户疑问信息等	PZB，1988 张巍等，2007
安全性	是指网络的安全保障性，指在网络环境下是否具备系统、数据传输、软件等的安全技术支持性	Yang，Jun and Peterson，2004

二、模型构建

通过对服务质量相关理论的梳理，本书列出基于六大维度的网上银行服务质量模型，如图 4-1 所示。

在研究过程中，所设定的基本研究前提包括以下方面：

（1）每位用户对服务质量的感知都是独立的过程，不受其他随机因素的影响，如其他用户的影响，而且所研究的这些用户都是在随机抽样状态下抽取的，可以假定这些研究对象均为具有代表性的研究对象，研究所得到的结果也可以以常态视之。

（2）银行以外的服务质量影响因素，对于任何网上银行来

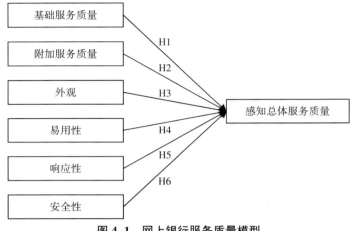

图 4-1 网上银行服务质量模型

说，都是均等的，在本书中，剔除了这些影响因素。

基于以上研究前提，提出六个研究假设：

H1：基础服务质量对于用户衡量网上银行总体感知服务质量存在着正相关关系。

H2：附加服务质量对于用户衡量网上银行总体感知服务质量存在着正相关关系。

H3：外观对于用户衡量网上银行总体感知服务质量存在着正相关关系。

H4：易用性对于用户衡量网上银行总体感知服务质量存在着正相关关系。

H5：响应性对于用户衡量网上银行总体感知服务质量存在着正相关关系。

H6：安全性对于用户衡量网上银行总体感知服务质量存在着正相关关系。

三、数据收集

本书的问卷设计主要是根据克罗宁和泰勒推出的 SERVQUAL 模型，其特征主要体现在以下几点：

（1）问项的设计继承了 SERVQUAL 模型。根据 PZB 在 1991 年对 SERVQUAL 做出的修正，所有的问项都改为正向语句。

（2）采用一列式量表，直接测量服务绩效来度量顾客感知服务质量。

（3）在问项的衡量尺度上，采用李克特（Likert）七点尺度衡量。

另外，本研究在问项中增加了"在线服务质量总体评价"这个问项，旨在辅助分析各个维度与总体服务质量的相关性。同时还增设了与被调查者个人信息相关的问项，以方便问卷回收后的有效问卷甄选以及样本统计工作。

在正式的问卷调查前，对原始问卷进行效度和信度测评，结果如表 4-2 所示：

表 4-2　原始问卷的 Alpha 系数

维度	Alpha 系数
基础服务质量	0.821
附加服务质量	0.921
外观	0.852
易用性	0.839
响应性	0.898
安全性	0.877
总体	0.903

六大维度以及总体的 a 值均大于 0.8，可见原始问卷具有比较高的信度。此外，对原始问卷进行了建构效度的测量，测试结果本研究显示 KMO 值为 0.802，表明问卷各问项呈现出明显的因子模式，如表 4-3 所示。

表 4-3　原始问卷的 KMO 值

Kaiser-Meyer-Olkin Measure of Sampling Adequacy.		0.802
Bartlett's Test of Sphericity	Approx. Chi-Square	1759.030
	df	528
	Sig.	0.000

为了提升问卷质量，借助 SPSS 软件精简问卷、减少分析变量个数，并利用主成分分析法（Principal Components Analysis），配合最大方差旋转法（Rotation Method）进行因子分析。经过了两次因子分析，将因子载荷小于 0.5 的问项全部删除。根据方差贡献率检验，抽取特征值大于 1.0 的因子，共有六个，分别为（10.885）、（2.735）、（1.578）、（1.340）、（1.208）、（1.074）。这六个因子的积累解释变异量为 69.702%，基本达到了学术界公认的标准 70%，问卷可以很好地解释构建的模型。精简后的量表结果，如表 4-4 所示。

表 4-4　精简后量表

网上银行服务质量测量维度	各个维度的具体问项
基础服务质量	账户查询的服务水平
	网上支付的服务水平
	转账汇款的服务水平
	缴费业务的服务水平

续表

网上银行服务质量测量维度	各个维度的具体问项
附加服务质量	个性化定制资讯
	个性化定制服务
	现金管理
	投资管理
	及时更新的新闻/动态
	资讯服务的宽度
	资讯服务的深度
	服务范围的选择性
外观	布局合理性
	内容可理解性
	网站导航系统
易用性	任何时间能够使用
	链接的准确、快速性
	有效性与可获性
	交易操作的简单性
响应性	友好态度
	多渠道获得
	速度
	服务结果
安全性	用户隐私保护
	用户财务安全
	安全的支付系统
	安全的数据传输

对精简后的量表进行信度与效度的分析，可以看出，六个维度以及总体的 Alpha 都大于 0.7（见表 4-5），因此，精简后的量表具有良好的信度值。此外，本研究量表的 KMO 数值为 0.895，适合进行因子分析如表 4-6 所示。

表 4-5　精简后问卷的 Alpha 系数

维度	Alpha 系数
基础服务质量	0.850
附加服务质量	0.911
外观	0.767
易用性	0.819
响应性	0.859
安全性	0.826
总体	0.942

表 4-6　精简后问卷的 KMO 值

Kaiser-Meyer-Olkin Measure of Sampling Adequacy.		0.895
Bartlett's Test of Sphericity	Approx. Chi-Square	2820.110
	df	351
	Sig.	0.000

　　本研究在效度检验方面进行了内容效度和建构效度分析。内容效度在前文已经进行了说明，这里就不再累述。

四、数据分析

（一）样本特征分析

　　本调研主要以传统调研方式为主，辅助网络调研方式。问卷收集后，借助 SPSS 统计分析软件，通过相关分析、因子分析等统计方法对回收的问卷进行分析。本次市场调查共发放 350 份问卷，回收 210 份问卷，回收率 60%。填答不全或不符要求的问卷有 13 份，直接作为无效问卷剔除，问卷有效率为 93.8%。从样本特征上看，网上银行服务的对象多为高学历的年轻人，这一结果与互联网用户特征完全重合，样本选取具有较强的代表性。

表 4-7　样本特征

描述题项		比例（%）
性别	男	41.2
	女	58.8
年龄（岁）	20 以下	4.1
	21~30	91.2
	31~40	4.7
	40 以上	0
教育程度	高中/职中以下	0
	高中/职中	2.9
	大专	8.8
	本科	84.8
	本科以上	3.5
月收入（元）	1000 以下	5.9
	1000~2000	17.6
	2000~4000	76.5
	4000~8000	0
	8000 以上	0

（二）模型假设检验

首先，利用多元线性回归分析检验这六个维度对用户感知总体服务质量的相关性。

表 4-8　网上银行服务质量各维度与总体服务质量的相关系数

维度	总体服务质量
基础服务质量	0.508
附加服务质量	0.624
外观	0.523
易用性	0.486
响应性	0.511
安全性	0.578

结果显示：六个维度都与总体感知服务质量存在着正向的相关性。综上所述，假设检验的结果如表 4-9 所示：

表 4-9 假设检验结果

编号	假设	结果
H1	基础服务质量对于用户衡量网上银行用户总体感知服务质量存在着正相关关系	成立
H2	附加服务质量对于用户衡量网上银行总体感知服务质量存在着正相关关系	成立
H3	外观对于用户衡量网上银行总体感知服务质量存在着正相关关系	成立
H4	易用性对于用户衡量网上银行总体感知服务质量存在着正相关关系	成立
H5	响应性对于用户衡量网上银行总体感知服务质量存在着正相关关系	成立
H6	安全性对于用户衡量网上银行总体感知服务质量存在着正相关关系	成立

（三）各维度重要性研究

由网上银行服务质量各维度与总体服务质量的相关系数可以看出，"附加服务质量"与总体服务质量的相关性最高，对该维度的评价对总体服务质量的评价影响最大，所以附加服务质量是网上银行用户最关心的；其次是"安全性"；影响相对较小的维度分别为："外观""响应性""基础服务质量"和"易用性"。可以看出，随着 Internet 的普及，网上银行电子金融模式已经为用户广泛接受。由于网络技术日趋成熟，人们对网上银行安全性的认知得到很大提升，安全性已经不再是用户最为关注的问题。另外，随着人民生活水平的提高，人们已经不再满足于基本的金融产品服务，而更加关注个性化定制、信息资讯等差异化的服务产品。

从附加服务质量各问项与总体服务质量的相关性进行分析（见表 4-10），可以看出："服务范围的选择性"重要程度最高，其次分别为"资讯服务的深度""投资管理""现金管理"和"及时更新的新闻/动态"。网上银行用户不再局限于简单的金融业务操作，而是要求网上银行可以提供更加全面的、足够深度的金融资讯与服务，要求网上银行提供者可以提供多种多样的个性化定制服务。目前，不少网上银行已经意识到了个性化定制服务的重要性，纷纷推出了网上银行客户服务系统，成为了体现竞争优势，维护现有客户群，拓展潜在用户的有力策略。它已经成为提高用户满意度，以至提升用户忠诚度的人性化有效手段。

表 4-10　"附加服务质量"中各问项与总体服务质量的相关系数

Pearson Correlation	服务范围的选择性	个性化定制资讯	个性化定制服务	现金管理	投资管理	及时更新的新闻/动态	资讯服务的宽度	资讯服务的深度
总体服务质量	0.618	0.333	0.375	0.416	0.432	0.414	0.403	0.433

在安全性上，"安全支付系统"和"安全数据传输"更受网络银行用户关注。网上支付安全性的高度关注表明了人们对网上支付的安全性依然存有疑虑，这是影响用户选择是否使用网上银行的关键。网上银行应在保证其技术过硬的同时，普及安全知识，消除用户的心理障碍。此外，用户隐私保护也是用户较为关注的问题，如表 4-11 所示。

表 4-11　"安全性"中各问项与总体服务质量的相关系数

Pearson Correlation	用户隐私保护	用户财产安全	安全支付系统	安全数据传输
总体服务质量	0.379	0.375	0.474	0.479

如表 4-12、图 4-2 所示，得分较高的是第三维度"外观"，第四维度"易用性"，第一维度"基础服务质量"和第六维度"安全性"，均在 5.0 分之上，说明处于稍满意的水平。可见国内的网上银行在对传统业务的服务上，以及交易安全机制，可信度建设等方面得到了用户肯定，拥有较高的用户满意度。得分较低的是第二维度"附加服务质量"，在这里主要是指创新类个性化服务，应该引起网上银行的重视，成为日后发展的方向。在"响应性"这个维度上，质量评价分数仍未达到 5 分，仍有待提高。

表 4-12　各维度得分情况

维度	基础服务质量	附加服务质量	外观	易用性	响应性	安全性
得分	5.03681	4.598926	5.190184	5.072086	4.886503	5.004601

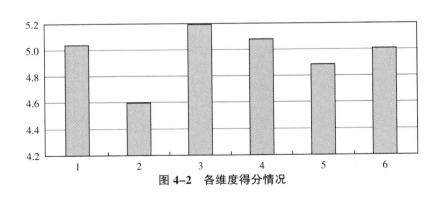

图 4-2　各维度得分情况

（四）结论与建议

本章采用三大服务、六大维度的模型结构，列出针对国内网上银行服务质量评价量表，对影响网上银行总体服务质量的因素进行分析，其结果体现在如下方面：

（1）用户对网上银行的总体满意度为 5.092，总体满意度较低，网上银行还应继续致力于提升网上银行的服务质量。

（2）对网上银行总体服务质量影响最大的是"附加服务质量"和"安全性"。其中，用户对"深度服务功能"和"深度资讯功能"最为关心，说明目前网上银行的创新类服务、个性化服务尚不能满足人们的需求，未来创新性的个性化服务将成为银行拓展市场份额，增强用户忠诚度，体现差异优势的必然选择。因此，发展创新类服务已经成为网上银行成功的关键因素。

（3）"安全支付系统"以及"安全数据传输"也是影响用户对于总体服务质量感知的重要因素。在安全性问题上，银行业应当站在使用者的角度上，以多种形式普及网上银行安全知识，宣传、介绍网上银行采取的各种有效安全措施，注重用户个人信息的保护，提升品牌形象，从而提升用户对网上银行的整体满意度。

（4）用户网上银行服务质量评价最高的是外观，可见绝大部分用户对网上银行的界面设计认可度比较高。网上银行的页面布局清晰合理、导航清晰、内容简单易懂，在使用过程中能比较容易地找到自己需要的服务功能。

第五章
宁夏现代服务业发展中的旅游业

随着世界经济一体化进程加快，国家与国家、国家与地区、地区与地区之间都在利用地缘优势加强彼此合作。2017 年，全球旅游业增速为 4.6%，其增速超过制造业、零售业和批发业等，成为全球增长最快的行业。旅游业的快速发展不仅推动了地区经济增长，还创造了新的就业机会。随着我国"一带一路"倡议构想的实施推进，为宁夏旅游产业的开发与合作带来了前所未有的机遇。

第一节　宁夏旅游业发展概况

近年来，宁夏通过经济发展方式的转变，产业结构的调整，资源的优化配置，使旅游产业逐渐成为宁夏经济的支柱型产业。2013~2017 年，旅游总收入从 127.30 亿元增至 277.72 亿元，国内外接待人数从 1820.42 万人次增长至 3103.16 万人次。宁夏旅游业以"打造西部独具特色的国际旅游目的地"为目标，通过自我发展和联合发展等方式，在积极拓展国内旅游市场的同时，努力打造国际旅游目的地。旅游业已经成为宁夏经济发展新的增长点。

2011~2015 年，宁夏旅游接待量和旅游总收入连续五年呈现高速增长态势，旅游接待人数由 1169 万人次增加到 1839 万人次，增长了 57%；旅游投资从 22.7 亿元增长到 93.8 亿元，同比增长 32.8%；旅游总收入由 84 亿元增加到 161 亿元，增长了 92%。旅游总收入占当年地区生产总值由 4.1% 提升到 5.6%，旅游业已经成为促进宁夏经济和社会发展的重要力量。截至 2015 年，宁夏共有 A 级景区 56 家，其中 5A 级 4 家，4A 级 16 家；旅行社 118 家，其中出境组团社 24 家；星级饭店 102 家，星级农家乐 205 家。旅游直接从业人数超过 5 万人，间接从业人数超过 25 万人。

一、宁夏旅游产业的独特优势

（一）自然资源丰富

宁夏位于中国大陆的西北部，东邻陕西西部，北部与内蒙古相连，南部与甘肃接壤。从地理位置看，宁夏地处新亚欧大陆桥上的中心位置，同时也是连接我国西部地区与华北华南等地区的重要桥梁。宁夏自古以来就是丝绸之路上连接中国与中东阿拉伯国家以及中亚、中欧等地区的枢纽地区，地处古丝绸之路北段的必经之路。由于地处东部季风区域与西北干旱区域的过渡带，自然条件的过渡性、多样性造就了宁夏旅游资源的复杂性，使得宁夏虽然地处我国西部，但却涵盖山岳、河流、森林、草原、戈壁、沙漠、沼泽、湖泊、绿洲等多种类型的多层次性的奇特景观。宁夏旅游资源具有得天独厚的自然优势，是黄河、大漠、绿洲、平原、山地等多种地貌的交汇点，集沙漠与黄河、沙漠与湖泊、沙漠与绿洲等资源于一体。宁夏中卫沙坡头融自然景观、人文景观、治沙成果于一体，不仅在中国独一无二，甚至在世界上都是垄断性的旅游资源，有着"世界垄断性旅游资源""世界沙都"的美称。生态多样化沙漠旅游区、雄壮绵延的贺兰山山脉、西北的"塞上江南"，造就了宁夏旅游资源的独特性、复杂性和多样性的特点。宁夏不但是灌溉农业发达的传统特色农业地区，也是我国新型能源的工业产业基地；虽处于西部偏远地区，但却是我国对外开放的关键要塞；同时是我国与伊斯兰等国进行国际合作的中间枢纽。2015 年宁夏与巴黎、卡萨布兰卡、里约热内卢等世界级旅游目的地一起，被美国《纽约时报》评为全球 46 个必去的旅游目的地之一。

（二）文化类资源底蕴深厚

宁夏是我国回族聚居区，全区常住人口 661.54 万，回族人口占全区人口比重为 35.70%，达 236.14 万人，是中国典型的回族之乡。回族人民赋予了宁夏绚烂多姿的民俗文化，以饮食为例，撒子、麻食子、粉汤饺子、膜子面、手抓羊肉、烩羊杂碎等是宁夏风行城乡的传统风味小吃，盖碗茶、五宝（枸杞、甘草、贺兰砚、滩羊皮、发菜）等特色产品深受广大游客喜爱；清真寺与回乡文化园建筑集聚了阿拉伯式、庙宇及汉式宫殿三种不同的风格，是中国传统文化与伊斯兰建筑文化结合的代表产物。西夏文化、边塞文化、丝路文化等多元文化，为宁夏旅游业发展拓上了深深的历史的印迹。

宁夏丰富的文化旅游资源主要有：①以西夏王陵为核心，

贺兰山国家森林公园、贺兰山岩画、滚钟口等景区文化为依托的西夏文化体验区；②以明长城、古原州、韦州、灵州、盐州、兴州等历史古城遗址为轴线的历史文化旅游体验区；③以水洞沟景区、古长城遗址、哈巴湖景区为依托的古代军事文化体验区；④以纳家户民俗村、吴忠博物馆等景区为支撑的回族文化和清真美食体验区；⑤以泾源、隆德为核心，依托山地生态、红色旅游资源为内容的红色旅游体验区。

近年来，宁夏积极打造塞上江南、大漠极地、丝路古韵、重走长征路、贺兰山东麓葡萄文化旅游长廊等旅游产品。支持重点企业成立旅游商品研发中心，加快旅游商品开发生产，建设"宁夏礼物"店，一批民间艺术绝活、纺织工艺、刺绣工艺、剪纸工艺、皮影戏、西夏文书法艺术表演等非物质文化遗产融入旅游产业。此外，一批独具宁夏文化特色的优秀剧目如《月上贺兰》《回乡婚礼》《西夏之恋》《多彩吴忠》等在沙湖、沙坡头、中华回乡文化园等重点景区演出，为游客呈现一场场视觉盛宴。

（三）发展优势

2017年，中国共产党宁夏回族自治区第十二次代表大会指出"加快全域旅游示范区建设，把旅游业融入经济社会发展全局，推进旅游向全景、全业、全时、全民的全域旅游转变，建设一批精品旅游景区，优化旅游综合配套服务，创新多形式、多业态、多元化商业模式，发展休闲旅游、体验旅游、康养旅游，吸引游客、留住游客，打造西部独具特色的旅游目的地"。宁夏是古"丝绸之路"的重要通道和必经之地。"一带一路"倡议的实施，为宁夏赋予了打造丝绸之路经济带战略支点的重要使命。近年来，宁夏充分发挥中阿博览会的引领优势，借助丝绸之路经济带的地域优势，通过中阿博览会、丝绸之路·中国宁夏大漠黄河国际旅游节等活动，不断加强与"一带一路"沿线国家开展旅游交流与合作，为打造特色鲜明的国际旅游目的地奠定了良好的基础。

宁夏旅游业的快速发展离不开宁夏政府的大力支持。近年来，宁夏政府在贯彻实施《旅游法》的同时，制定并实施《宁夏旅游汽车资质等级划分与评定标准》《自治区星级餐馆评定与划分标准》《导游服务质量等级划分与评定标准》《农家乐旅游质量等级划分与评定标准》等多个地方标准，规范了旅游从业人员和旅游企业行为；制定《宁夏旅游安全管理办法》《宁夏旅游公共突发事件应急管理办法》等配套制度，增强了对旅游突发事件的应对能力；加强对导游等旅游从业人员和企业的诚信监管，对超范围经营、欺诈游客、强迫消费等违法违规行为进行处理，旅游业服务社会的能力不断增强。

二、宁夏旅游业发展中存在的问题

（一）旅游基础设施建设不足

好的旅游产品离不开旅游资源的开发利用、旅游环境的营造和管理、旅游服务配套设施的建设。宁夏现有旅游星级饭店共 102 家，其中四星级 37 家、三星级 56 家、二星级 9 家。从宁夏旅游业总体发展上看，旅游产业发展不平衡，呈现西强东弱、北重南轻的格局，制约了旅游资源优势的发挥；从住宿、餐饮的分布上看，绝大多数宾馆、酒店集中在市内几个重点区域，景区及周边旅游设施有待完善；从交通规划上看，铁路路网基础薄弱、对外通道少、线路标准低，与全国高铁和快速客运通道网络未能衔接，省内交通和省际交通通路未完全打通，旅游成本较高。此外，公共服务体系不健全，游客集散体系、游客咨询中心、中外引文指示系统、旅游休闲服务等设施缺乏，旅游公共服务亟待提升。

（二）旅游产品开发不足，服务缺乏新意

旅游产品设计不能只停留在吸引物的建设，还应包括新旅游活动的安排和新旅游线路的设计。从目前已经开展的回乡旅游项目上看，宁夏旅游产品创新不足，旅游产品开发缺乏新意，旅游商品市场缺乏活力。宁夏旅游产品对历史文化的挖掘还停留在表面，旅游模式还仅停留在以观光为主的初级阶段，对旅游者的深层次需求还有待挖掘。

（三）宣传水平和力度不足

对外宣传是开发旅游资源的重要方式，旅游对外宣传是地区整体形象和知名度提升的重要手段。近年来，宁夏通过微电影、数字旅游、影视植入等方式，旅游的知名度有所提升，但与国内许多知名景区和地区相比，宁夏还未被国内旅游消费者所熟知。宁夏旅游业发展应注重旅游业与信息的融合，利用信息化对传统旅游业进行改造提升。

目前，宁夏已经建立了宁夏旅游政务网、宁夏智慧旅游网、宁夏旅游资讯网等网站，开通了旅游服务热线，增设了旅游咨询服务中心；但与满足旅游业发展和游客需求方面还存在很大差距，具体表现为：

（1）资金投入不足，基础设施落后。宁夏旅游信息系统在技术和设备设施上落后，导致数据处理、分析功能无法满足旅游信息系统进一步的开发和利用。旅游信息系统的建设需要投入

大量资金，建设周期长。资金投入不足，旅游信息系统很难发挥其优势。

（2）信息资源开发利用缺乏有效机制。旅游信息标准的不统一，旅游信息内容描述的不同，对建设和维护旅游信息服务系统造成了很大影响，需要耗费大量的人、财、物。且旅游业被相关行政部门划分，信息渠道不顺畅，导致难以形成可调控全局的旅游信息管理系统。

（3）信息整合能力较差，数据共享程度低。旅游业是一个涉及多部门的综合性产业。由于各部门缺乏联动机制，旅游网站建设得不规范，给整合信息带来困难，限制了旅游信息资源的共享。宁夏许多旅游景点、旅行社、酒店，没有自己独立的网站，只是在门户型旅游网站链接几个页面，相关旅游信息更新速度慢。此外，旅游信息内容通常只涉及景区攻略、美食攻略、旅游游记、旅游线路和旅游常识等，旅游内容差异化和个性化推荐能力弱，传统旅游企业与旅游网站的整合能力有待提高。

第二节　基于旅游目的地营销的宁夏旅游业发展研究

随着旅游需求向高级化与差异化方向的转变，传统的单向旅游传播模式，在面对快速变化的市场环境时，已经不能很好地适应新兴电子媒体所唤起的消费需求。宁夏旅游业相对于我国发达地区规模小、起步晚，旅游网络营销发展相对滞后，仅仅是建立了面对消费者的网上营业场所，大量的后台支持工作仍需要采取传统方式进行。这导致实际操作效率低下、实时性差、运作成本高，多数网站不具备竞争实力。最重要的是，旅游企业间缺乏合作意识，旅游资源横向整合不足，从而无法提供有竞争力的服务方式。随着旅游电子商务的不断发展，面对来自国内外的激烈竞争，宁夏旅游如何借力互联网，并整合各种有利资源提升知名度和吸引力，是宁夏旅游业发展有待解决的问题。

一、旅游目的地整合营销策略研究相关理论概述

（一）旅游目的地的定义与发展

国外学者从 20 世纪 70 年代展开关于旅游目的地的研究。最早以旅游目的地形象研究为主，旅游形象是指人们通过媒体、书籍等媒介了解旅游目的地的文化背景、风土人情、宗教信仰等信息，并对其产生的主观情感、认可度、印象。后又对旅游目的地的游客感知度、客观印象两者结合以及影响因素等多个方面进行了研究，力求通过对旅游形象的研究将旅游目的地经济、政治、环境的发展与旅游业紧密结合，从而实现旅游目的地社会经济发展的良性循环。世界旅游环境中心于 1992 年作出的定义：乡村、度假中心、海滨或山岳休假地、小镇、城市或乡村公园；人们在其特定的区域内实施特别的管理政策和运作规则，以影响游客的活动及其对环境造成的冲击。

比较受到公认的是英国学者布哈利斯的定义：一个特定的地理区域，被旅游者公认为一个完整的个体，有统一的旅游业管理与规划的政策司法框架，也就是说有统一的目的地管理机

构进行管理的区域。总结起来，其构成要素如下：

（1）旅游吸引物。简单地说也就是我们旅游想要去的旅游景点，包括自然的、人造的、历史的或文化的吸引物。

（2）交通。包括路线、站点和工具在内的整个交通体系。

（3）设施和服务。与旅游密切相关的住宿、餐饮、零售等旅游服务。

（4）包价服务。由中介和主管机构预先安排的报价，如网上旅游套餐。

（5）活动。指消费者在目的地逗留期间可以参加的一切活动。

（6）辅助性活动。与旅游相关的一切服务，如银行、电信、邮政、新闻出版、医疗等。

我国于 20 世纪 90 年代展开对旅游目的地的研究，与国外研究相比起步较晚。我国第一部关于旅游目的地的专著，是由李蕾蕾于 1998 年所著的《旅游地形象策划：理论与实务》，该书将理论与实践相结合充分研究了旅游形象的策划。我国早期学者对旅游形象的关注点主要集中在旅游地的规划，其中，白祖成（1999）通过研究不同地区旅游地的形式为旅游地的规划提供前提，而近期我国学者将关注点移至旅游地的方法研究上。其中，苏绍春（2006）运用网络议程分析旅游目的地；邵雪诗（2009）从传媒学视角分析了旅游目的地；郑艳红（2013）运用实证方法分析中国旅游目的地形象创立的重要性。所谓旅游目的地，是指将一定地理区域的旅游资源、旅游服务设施、旅游基础设施等有机整合，成为游客做短暂停留、参观游览的地方。旅游目的地是旅游活动的中心，也是旅游活动中最重要和最具生命力的部分，是建立游客所需要的旅游吸引物和服务设施的所在地。

（二） 旅游目的地营销的定义与发展

旅游目的地营销是一个相对较新的研究范畴。20 世纪 70 年代，国外已有研究涉及，20 世纪 90 年代得到重视并开始进行大量研究。国内对于旅游目的地营销的研究始于 20 世纪 90 年代。在研究内容上，国内外并无太大差异。二者从关注旅游目的地形象，树立旅游地独特品牌，了解游客基本构成等方面对旅游地营销进行研究。随着对旅游地营销深度与广度的不断扩展，国外学者将营销主体集中在两个方面，营销部门和旅游地的资源整合，以及营销部门间的内部联盟。由于国内旅游资源的公共属性、政治经济体制。国内的研究则更多地指向在旅游目的地中占主导地位的政府行为。

进入 21 世纪，随着不断扩大的旅游业需求市场，如何吸引游客，在旅游市场占据一席之地，已成为旅游业发展的重要课题，而优秀的旅游地营销策略则成为实现这一目标的关键。

麦克凯等 （2010） 通过对游客的信息进行跟踪调研，了解到游客的组成成分，并结合游客的年龄、收入、学历等因素将游客进行分类。研究结果表明，不同年龄、阶层的旅客对营销策略的灵敏度不尽相同，如年轻游客对以媒体为主流的营销方式灵敏度较高，而老年旅客则表示对其不感兴趣。因此，旅游地的营销策略应结合该地的自然风光、所吸引的游客群以及该地的政治经济发展状况等方面综合考虑。

国内有学者提出以目的地竞争优势为基础，通过了解目的地的旅游发展、基础设施、政治经济等信息将其进行分类，将旅游地的优势信息作为营销的出发点，制定营销策略；有学者提出以位置为前提，以品牌为核心，以策略为依据的营销模式；

也有学者提出以提高旅游服务品质，提升旅客感官体验为目的的营销方法。综上所述，各类营销模式均有其优势，然而实际操作中，应考虑旅游目的地发展特征，将理论与实际有机结合。

旅游目的地营销可简单概括为在目标市场上，通过整合目的地的关键要素引导游客消费，提升消费者的感官体验，开拓市场、促进旅游业发展。能够对一定规模旅游者形成旅游吸引力，并能满足其特定旅游目的的各种旅游设施和服务体系的空间集合。那么旅游目的地营销可以概括为向旅游者提供旅游目的地相关信息，突出旅游地的形象并打造景区吸引物；通过向潜在群体和目标群体进行营销从而吸引其注意力，诱发其对旅游目的地的向往，进而产生旅游消费。

（三）整合营销的定义与发展

20 世纪 80 年代末，美国著名的麦迪尔新闻学院在全国范围内展开了针对营销传播发展现状的调研。在其调研活动中，以 Don E.Schultz 为代表的相关研究人员为整合营销的定义进行了首次界定：整合营销的前提是对具体的传播手段深入透彻的了解，因而可以在拟订相关计划的时候能够充分发挥其功能，能够带来更多的附加值，例如可以将平凡的广告、营销推广以及公共关系等进行有机融合，提供清晰、连贯的有效信息，使传播影响最大化营销传播计划。

薛敏芝归纳了"整合营销传播"在中国市场的四种运作类型，指出必须要在广告行业内构建多样化的服务结构，全面提升其资讯能力，并且要对相关的服务功能进行拓展。与此同时，应该要对相关收费进行合理规定，同时不能忽视衡量整合营销传播效果的标准以及相关评估体系的构建，不断完善整合营销传播的运作。徐明阳指出，和当前国内市场中存在的模糊定位的强势广告以及粗放式管理的经营模式相比较而言，更具针对性、精准性、合理性的精雕细琢的整合营销模式必然成为发展主流。翁向东和王浅（2008）提出，理性地看待整合营销传播，高效利用企业固有资源。"整合"的重点是技巧，要一针见血，而不是面面俱到。陈刚（2012）认为，整合营销传播的成长与进步离不开相对比较成熟的市场环境以及传播氛围，因此，在我国的市场中，整合营销传播所具备的现实意义更多地体现在相关营销活动的整合以及传播途径和渠道的整合两个方面。

整合国内外研究人员对整合营销的定义看出整合营销传播的内涵包括：以消费者为导向、运用一切传播形式对消费者的需求反映最优化、把精力浪费降至最低、寻求协同优势、重视长期效果。

传统的市场营销策略是由美国市场营销学家麦卡锡（E. J. Mccarthy）提出的4P组合，即产品（Product）、价格（Price）、销售渠道（Place）和促销（Promotion）的组合。具体来说，产品的内涵表现为核心部分、形式部分、期望部分、延伸部分和潜在部分。这五个层次的表现程度决定着产品给顾客带来的价值以及顾客对产品的满意度。影响价格的因素主要有营销目标、成本、营销组合策略等。而分销渠道包括各类的经营商和代理商，此外还包括处于渠道起点和终点的生产者及最终消费者。如图5-1所示。

促销组合是促销手段的综合运用，包括广告、人员推销、营业推广、公共关系和宣传品。该理论强调将营销中的各种要素组合起来，但它的出发点是企业的利润，没有将顾客的需求

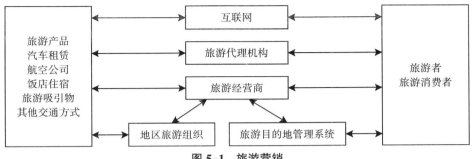

图 5-1　旅游营销

放到与企业利润同等重要的地位上来。

整合营销传播（Integrated Marketing Communications，IMC）这一概念，是在 20 世纪 80 年代中期开始提出的。由于计算机技术、网络信息技术的突飞猛进，使信息传播工具和传播模式发生了革命性变化，许多学者从各自的观点出发提出了传播协同效果的含义。80 年代末，全美广告业协会（American Association of Advertising Agencies，AAAA）根据对整合营销传播所进行的研究、发展，对其做出以下定义："IMC 是一个营销传播计划概念，它注重以下综合计划的增加值，即通过评价广告、直接邮寄、人员推销和公共关系等传播手段的战略作用，以提供明确、一致和最有效的传播影响力。"

1990 年，美国营销学家劳特朋教授强调用 4C 组合代替 4P 来进行营销策略安排。4C 即消费者的需要与欲望（Consumers wants and needs）；消费者获取满足的成本（Cost）；消费者购买的方便性（Convenience）；企业与消费者的有效沟通（Communications）。他的整合营销理论主张重视消费者导向：①把产品先搁到一边，加紧研究消费者的需要与欲望，不要再卖你所能制造的产品，要卖消费者所确定想购买的产品，真正重视消费者。②暂时忘掉定价策略，而是去了解消费者要满足其需要与欲望所须付出的成本。③忘掉渠道策略，应当思考如何给消费者方便以购得产品。④忘掉促销，而应当考虑怎样沟通。可以说，营销历经百年之后，关注的焦点终于回到了营销活动的主体——消费者。

二、宁夏旅游目的地整合营销策略分析

目的地营销的关键在于整合，包括产品要素的整合（服务、环境、人才等）、营销手段的整合（销售、广告、管理、组织、调研）和营销单位的整合（政府、民间、企业、协会）。旅游营销组合策略由构成营销主要可控手段的四个核心要素共同组成：旅游产品、价格、分销与渠道、促销。整合营销的目的是实现传统与网络营销手段和营销方式的统一、协调和整合，以实现各方的利益最大化。传统旅游营销手段与网络旅游营销手段的整合表现为：

（1）任何产品的策略都要根据产品的定位和生命周期来决定。产品的内涵表现为核心部分、形式部分、期望部分、延伸部分和潜在部分。现代的产品策略较之传统的产品策略就是逐步对产品五个层次内涵的更加深入与演进的过程，从而更加适应如今快速且多样的消费者需求变化，使之更好地达到消费者满意。

（2）传统的价格策略包括新产品的定价策略、折扣定价策略、季节性折扣策略、促销折让策略、产品组合定价策略等，相较传统的价格策略，由于减少了销售环节，线上商品的价格优势十分明显，加之其本身再运用一些传统的折扣策略，使得线上购物对消费者更具有吸引力。

（3）在分销渠道方面最明显的区别则是线上和线下的不同。传统的渠道主要是在线下，网络营销渠道则是实现线上与线下的结合，线下的渠道还可以通过网络进行管理。

（4）网络和通信技术的发展使得传统的营销手段实现了重大的变革。传统的广告手段主要有印刷广告和广播广告、外包装、传单、企业名录、广告牌等；人员推销手段主要有销售展示和销售会议、样品试用、展览会；营业推广手段主要有比赛、游戏、奖券、奖金与礼品、交易会等；公共关系手段主要有演讲、研讨会、年度报告、赞助、出版等；宣传品主要有纸质宣传手册、画册、导游图和交通图。网络营销手段包括通信营销、视听营销、微博营销、社区营销、病毒式营销等，不仅节省了大量的人力、物力和财力，还能实现传统营销手段和网络手段的结合。通过网站管理、微博、社交网络、电子邮件、即时通信工具、数字地图、导航、移动通信、电子杂志等网络工具的综合应用，实现营销方式、营销策略的改革与提升。

通过对宁夏旅游业发展现状进行分析，以"一带一路"发展背景，以线上营销为重点，分别从旅游资源的整合、网站资源的整合、渠道整合及营销方法和工具的整合四个方面就"一带一路"背景下促进宁夏旅游目的地建设提出建议。

（一）旅游资源的整合

旅游资源整合的目的在于突出旅游目的地的品牌特色，树立良好的旅游目的地形象，使顾客切身体会到目的地带来的美妙的旅游体验。旅游资源的整合主要从旅游供应商的角度展开。

1.旅游目的地的定位

旅游供应商即旅游产品的生产商，生产出符合顾客需求的产品才是旅游目的地营销的起点。任何一个旅游目的地，在对游客开放之前，要明确旅游地应该以怎样的形象展示，即为了使旅游营销更有目的性和针对性，就要进行准确的顾客定位。

目前旅游目的地的市场细分主要以地理细分和人口统计特征为主。但不少调查和学者的研究表明，应用旅游动机进行市场细分，比上述的细分变量更具预测性，并且更加直接和精确。常见的认知情感模型将旅游动机分为放松、兴奋、求知、社交和声望五种类型，以这五类做细分标准，可将游客划分为观光放松型、追求刺激型、文化求知型、社会需求型和名誉声望型游客。那么，对于观光放松型的游客，可重点推介沙湖、水洞沟等具有美丽自然风光的旅游地；对于追求刺激的游客，我们可以向其介绍贺兰山、沙漠等具有探险意味的旅游地；对于文化求知型的顾客，则可以推荐西夏王陵、回乡文化园等具有浓厚人文气息的旅游地。

2. 旅游目的地形象树立和品牌的创造

品牌形象营销的目的在于在潜在消费者的心中形成一种"思维定式"，当旅游者有了去旅游的想法之后，首先想到的就是你所塑造的旅游目的地形象。在文化方面，宁夏具有独特的回乡文化，具有代表性的有回乡文化园；还有西夏文化，代表性的有西夏王陵。在地形地貌方面，宁夏集沙漠、绿洲、黄河、湖泊、山地等于一身，代表性的有沙湖、水洞沟、黄沙古渡等。在娱乐方面，有被誉为"东方好莱坞""中国一绝"的宁夏镇北堡西部影城，它集观光、娱乐、休闲、餐饮、购物于一体。因此，对于旅游供应商来说，对于每一处不同的目的地，就可以赋予其不一样的主题。

3. 旅游目的地体验营销

体验营销更关注旅游者个性化与人性化的需求，如何通过营造良好的体验情境为旅游者带来难忘的经历成了旅游目的地企业的关注点所在。体验营销的核心要素是旅游者的参与，强调旅游者的参与性与互动性，从感官、情感、思考、行动等方面引起旅游者的共鸣，提高顾客满意度，这是旅游目的地营销的最终目的。以西部影城为例，旅游供应商首先可以营造一种浓厚的沙漠文化和电影文化的感官体验，如在影视城内的主干道设置老式马车、古香古色的店铺、浪漫怀旧的餐厅茶室，让游客仿佛置身古老而优雅的沙漠情调之中；由演员装扮成电影中的人物，和游客进行亲密的互动。还可以通过动感电影、史前探险等感官刺激体验项目向游客传递"梦幻""探索"的品牌定位。同时，还可以有意识地举办某种活动吸引游客参加，如"沙漠探险"等。另外，还应该为游客提供亲身参与的互动机会，即行动体验，同时还可以为自己开发新业务。如利用影视中的场景举办主题婚礼，使新人们有了置身童话中的感觉。以上的建议，离不开旅游供应商对现有旅游景区模式的改造和旅游营销模式的转变。

（二）网站资源的整合

网站资源的整合涉及旅游供应商、旅游相关企业、旅游服务中间商和各级旅游部门。宁夏旅游局可以在原有的信息化基础上同时结合宁夏旅游业的发展现状，不断推进和完善宁夏国际旅游目的地营销系统建设，完善宁夏旅游产业信息系统数据库，形成相对完善、共享性的景区游客流量监测和服务系统数据库、宁夏旅游电子票务分销系统数据库、旅行社业务管理系统、旅游景区管理系统、酒店管理信息数据库等各类数据库，促进宁夏旅游业向国际市场迈进。

1. 网站内容设计要强化时效性

宁夏旅游网站可通过多语言版本设置，新增英文、韩文、泰文、阿拉伯语等，在满足国内游客旅游信息查询的基础上，方便国外游客了解宁夏旅游的相关信息。此外，网站对信息应重视时效性，这是许多旅游网站特别是外文版的"软肋"。

2. 网站结构设计要强化交互性

网站的主页提供以下功能：留言板、简介、图片、便条、讨论以及标注了重大活动的日历，如穆斯林的古尔邦节或开斋节，将是宣传宁夏穆斯林文化旅游的最佳方式。

3. 网站功能设计注重个性化

随着互联网的发展和广泛应用，组团方式逐渐被散客游、自助游所替代。基于客户对旅游服务体验的重视，网站的个性化服务成为主流。

4. 经常对网站服务进行检查并评估

利用技术手段监测网站的各项指标，并进行分析，为网站营销提供依据。网站上设立的网站反馈系统中包含反馈表，如果网友浏览网站时遇到困难，或者发现网站上有任何错误，都可以通过反馈表提出建议。没有独立网站的旅游企业应加强网站的建设，形成独立的品牌，提高知名度。已建设旅游网站的旅游企业应加强全网营销的能力，加强与知名网站链接的同时，完善网站内容与功能。

（三）渠道整合

1. 旅游服务商

旅游服务商起到了连接供应商和消费者桥梁的作用，它可以实现各种营销方式的整合，从而使旅游信息更快更好更全面地传递给消费者，有助于消费者进行选择，实现旅游各方效益的最大化。网络时代的中间商可以通过线上和线下两种途径实现合作和沟通。但是，在旅游电子商务市场竞争不断激烈的情况下，旅游电子商务企业仅仅依靠自身的营销资源，在面对市场竞争的时候，往往表现出一定的局限性。因此，加强同各相关方的合作成为了渠道整合的一种有效方式。

2. 旅游主管部门

旅游主管部门主要指政府的旅游管理部门，如宁夏的旅游局。一直以来，旅游主管部门对旅游目的地的形象宣传起着重要的作用。由于政府部门行政性的特点，使得对旅游业的投入和推广相对其他方式正面效果更强、受众更广。对于宁夏地区来说，只有优化旅游景区的结构，改善硬件设施，优化旅游景区的布局，积极改善旅游目的地的服务方式，提高旅游景区的服务质量，对旅游目的地的营销宣传才是有意义的。另外，宁夏旅游之所以没有较高的知名度，除了旅游景区存在的一些问题之外，还有就是宣传远远不够。在网络时代，旅游局可以通过各种方式进行宣传，下面的营销工具整合将会阐述。

（四）营销方法和工具的整合

1. 搜索引擎优化

搜索引擎优化是目前较为通用的方式，可以增加特定关键字的曝光率以增加网站的能见度，提高关注度。旅游目的地网站可以通过创建智能搜索引擎，为游客提供关于宁夏旅游有关的解决方案。

2. 电子邮件

首先要积极收集游客的信息，比如下载资料和浏览需要用户登录之后才能进行。旅游目的地网站根据用户资料建立客户档案或用户数据库，并定期向用户邮箱发送宁夏旅游的宣传资料、各种促销信息或用户需求问卷调查表等，保持与用户的沟通和交流，并了解用户的旅游需求和愿望，以建立、保持和发展与用户的长期关系。

3. 社交网络

目前国内比较知名的综合型社区有开心网、人人网、天涯等，专业类社区如携程旅行网、艺龙旅游网等，具有电子公告牌（BBS）、电子邮件、聊天室、讨论组等功能。通过采取"分舵"机制，组织一批对宁夏非常熟悉同时又非常了解旅行需求的热心用户，每一篇攻略都取材自多位真实用户的游记攻略，内容包括目的地介绍、精美照片、游记、交通、美食、购物等一站式的旅游信息，甚至关于当地邮编、付小费的习惯都可以找到。以上内容由他们来维护和更新，对信息定期地修改和完善。

4. 行程计划器

行程计划器可以旅游攻略的形式，提供从出发城市到你要抵达目的地的所有行程安排、景区线路、周边住宿、费用情况等信息，游客可以根据自己的个人喜好、假期长短、旅游预算通过行程计划器帮助选择合适的旅游方案。

5. 电子服务使用说明

主要提供各类电子版本宣传资料的下载和浏览，包括节庆活动表、签证和出入境资料、天气预报、货币兑换、电子地图、电子图书、电子杂志和各种电子分类手册的下载和浏览。

6. 数字地图

数字地图可以打造互动式网络环境，网站提供的互动式地图，详尽展示旅游区域、最佳景点以及各种活动、体验、住宿和餐饮等信息。游客可以在特定位置加上"地标"和解说，进行线路规划，甚至可以预览某个景区饭店或电影院的位置。比如银川的公路多为主干道，分支较少，可以将线路沿途的风景一一列示并介绍，使游客很好地规划旅游线路。

7. 电子杂志

融入声音、图像、动画、视频、三度空间、虚拟现实等所有广告媒体的功能，可以使顾客方便地看到旅游目的地的介绍、产品说明、服务方式、联系地址，达到真正的声情并茂，从而树立良好的目的地形象。

8. 虚拟旅游

这可以说是"宅人"比较青睐的一种方式。通过网络技术，将景区的全方位视频上载至景区网站上，让游客如亲临实景一样，点击鼠标就可以游览各种景点。

9. 在线游戏

属于在线娱乐增值服务，目的是吸引更多的游客登录旅游目的地的网站。可供下载的音乐以宁夏地区民族音乐为主，图片以旅游目的地风光图片为主，使游客在娱乐中加深对旅游目的地的认识和了解。

10. 提供移动电话应用

通过手机 APP 的开发，不仅可以即时进行网络在线交流，还可以发布即时通信广告，达到良好的传播效果。

11. 即时通信工具

景点工作人员可以通过即时通信工具向对宁夏旅游感兴趣的人们发送即时短消息，并鼓励关注者发起讨论。

12. 微博营销

微博营销具有价格低廉、受众广、内容丰富、互动性强的特点。就政府官方微博来说，旅游目的地微博在目的地形象推广方面亲和力强、宣传面广，是政府微博的亮点之一。宁夏旅游局可以联合新浪微博推出自己的旅游目的地旅游计划，发布权威旅游资讯、快捷的旅游报道、实时的景区数据、促销旅游活动等，为旅游出行提供有效的信息和参考。

13. 播客营销

随着年青一代群体更倾向于网络自主选择节目，网络视频非常适合目的地进行传播推广。旅游局可以在新浪网城市频道开通一个"宁夏旅游播客"，举办播客大赛，作品包括短剧、动画、MV 等各大门类，旨在反映宁夏地区最美好、最动人的风景、故事、心情或生活，展示宁夏健康向上的"生活品质之城"风采。

（五）完善旅游信息服务系统

旅游信息服务系统的目标是满足游客的个性化、多样性需求，实现旅游公共管理部门无缝对接，优化旅游企业信息化建设。旅游信息服务系统包括以下五个子系统。

1. 旅游政务信息服务系统

以用户为核心进行构建，为满足用户的个性和需求提供满意的个性化信息组合，创造出新的价值。

2. 旅游者信息服务系统

系统构建过程中利用物联网、GPS 导航、云计算、电子支付技术、GIS 技术和 RS 等信息技术，满足旅游者的信息需求，提供优质服务和多样化旅游产品。

3. 旅游企业信息服务系统

旅游企业在系统上运用现代信息技术，为旅游者提供特色服务、优化自身的管理流程，提高管理的效率，在高度竞争的市场环境中取得竞争的优势。

4. 旅游监测预报系统

利用云计算、物联网、卫星遥感、全球定位技术等先进的信息技术作为技术支撑。利用这些技术对景区环境、游客流量、游客消费行为等进行全面收集并分析，实现更好地指导旅游经营和管理活动的目的，提高旅游业的管理效率和服务满意度，为旅游管理者做出更优决策提供数据支持。

5. 旅游安全保障系统

为游客在旅游途中提供了安全保障，在处理旅游安全问题的过程中发挥着重大作用，旅游安全保障管理系统以物联网技术为核心，在处理各种安全问题上比以往更加智能化、现代化，为游客营造了安全、放心的旅游环境。

三、总结

"一带一路"倡议给宁夏旅游业带来了机遇，采取科学的网络营销，利用新媒体技术，提高宁夏旅游业的知名度，塑造旅游目的地品牌。通过对宁夏旅游业发展现状分析，运用整合营销的手段，提出了关于各个主体如何进行有效营销的具体策略，即综合线上和线下的整合营销的方法。

首先，随着新一代旅游者的产生和各种媒体的出现，旅游目的地传播策略也出现了新的发展。如实现各种形式融合的整合营销，各旅游角色的协同营销，任何一种营销的功能和方法都可以通过营销工具作用于每一个营销要素，从而实现线上和线下的合理协调，避免冲突。

其次，如何通过营造良好的体验情境为旅游者带来难忘的经历成了旅游目的地企业的关注点所在。如果相关旅游商能够通过有针对性的手段作用于消费者的动机形成的过程，那么他们就会采取你所期待的行动。

最后，网络营销手段都需要有完善的网络设施和强大的网络技术团队作为支撑。因此，构建宁夏地区的旅游网络管理系统，引进优秀的电子商务人才是开展一系列工作的前提。但目前宁夏旅游目的地管理还面临着诸如网络基础设施相对落后、电子商务人才缺乏的现实情况。相信随着宁夏经济的进一步发展、网络设施的逐步完善和人们观念的逐渐转变，旅游目的地营销将会给宁夏带来更多的收益增长点。

第六章
宁夏现代服务业发展中的跨境电子商务

第一节　概　况

近年来，以信息技术为基础的国际电子商务在全球得到迅猛发展，逐渐成为各国参与国际分工与协作、促进国际贸易便利化和优化全球资源配置的重要力量。跨境电子商务是指分属不同国家，在不同区域的情况下通过电子商务平台进行交易，从而完成商品与货款之间的国际商业活动。跨境电子商务具有以下特点：

（1）全球性。随着互联网技术的不断完善和更新发展，网络作为一个没有任何束缚的媒体，具有全球性和非中心化的特征。因此，在互联网的作用下形成的跨境电子商务也同样具有此特性。网络的全球性虽然在一定程度上能达到信息的最大程度的共享，但是，也面临因文化、政治和法律的不同而产生的风险。

（2）无形性。电子商务依赖于互联网这样的环境，决定其具有无形性这一特点，通过数据、声音或者音像等方式将商品的特性与效用传播开来，这些媒介在网络中运行，因此称跨境电子商务具有无形性。由于其在全球化网络中以代码的形式操作，所以在一定程度上加大了税务机关的检测难度。

（3）即时性。对于网络而言，传输信息是即时的，这样的传输速度与地理距离无关，体现了跨境电子商务的即时性。在跨境电子商务中能够做到即时沟通交流，不存在时差等问题，通过网络信息技术可以实现发送方与接受方几乎是同时的，也正是由于这个特征使得跨境电子商务能够在短时间内完成交易，数字化产品的收发货物都可以在一瞬间完成。

世界各国之间的信息流通畅无阻，电子商务与实体经济深入融合，传统"集装箱式"的大体量跨境贸易正逐渐被小批量、多批次、快速流转的进出口订单取代，无论从全球资源配置角度，还是提升国家竞争力方面，跨境电子商务已成为引领全球贸易变革的一个新的爆破点。2013 年全球跨境电子商务交易额为 1050 亿美元，据商务部有关数据，2013 年我国跨境电子商务交易额在 2.5 万亿~3 万亿元，2016 年达到 18.5%，跨境电商交易规模达到 6.4 万亿元，其中增长最快的要数网络购物零售额的增长速度。2014 年，我国网络购物零售额达到 27898 亿元，同比增长 49.9%。显然，跨境电子商务成为当前国内商务领域最前沿、最活跃、影响最为广泛的热点，并于 2012 年底在郑州、上海、重庆、杭州、宁波 5 个城市先期试点。

宁夏作为国家内陆开放性经济实验区，借助跨境电子商务这种新商业模式，打破内陆城市地理位置的限制，充分利用电子商务信息化、市场化、网络化、国际化的特点，推动中小企业开拓国际市场，促进产业链各环节的资源优化配置和生产流程的再造，带动支撑电子商务普及应用的信息技术、信用、电子支付、现代物流和电子认证的发展，通过有形市场和无形市场的有效对接，转变传统的"集装箱式"的外贸贸易模式，全面提升宁夏内陆开放型经济水平。

第二节　跨境电子商务将给宁夏商贸带来新变化

跨境贸易电子商务出口是我国跨境贸易电子商务的主流，约占我国跨境贸易电子商务交易额的 95% 以上。作为一种新兴的营销模式和商业模式，已成为推动宁夏"两区"建设的重要举措。由于国际贸易是电子商务充分体现作用与效益的应用领域之一，自 2008 年国际金融危机之后，传统"集装箱式"的外贸模式不断受到冲击，宁夏的外贸企业纷纷倒闭或另谋出路。为了有效开拓国际市场，国内大量的传统外贸企业开始纷纷建立电子商务网站，通过互联网拓展国外客户，形成了以跨境小额交易为主要内容的跨境电子商务企业。

宁夏地处西北陆路，水运、铁运等物流成本偏高、工业基础薄弱等因素在一定程度上制约了宁夏的经济发展。作为国家内陆开放型经济实验区，以及"中阿博览会"的成功举办，推动了中东伊斯兰国家的经贸往来，带给宁夏很好的发展外向型经济的机遇。宁夏应借此契机积极探索跨境电子商务模式，规避自身地理位置劣势，借助先行先试的优惠政策，借鉴杭州电子商务园区、上海市浦东新区电子商务创新港、重庆电子商务产业园区等各具特色的产业园区的经验，发挥人文、资源、产业优势，以跨境电子商务作为战略性和先导性产业，冲破自身地理位置的限制，缩短供应链，使我区外贸企业拥有更广泛的国际市场，创造出比内贸电子商务更大的发展空间和效益，还可以通过货物仓储配送、第三方支付、电子信息传输等环节，带动宁夏服务业、旅游业、商业等相关产业的发展，推动跨境电子商务产业链的完善，所产生的货物集聚效应将极大推动航空经济区的发展，促进宁夏产业结构调整和经济增长方式转变，实现宁夏内陆开放型经济建设的战略规划。

第三节　对比西部先行试点城市设定宁夏建设跨境电子商务的发展目标

一、西部先行试点城市跨境电子商务平台方案对比分析

（一）郑州

2012 年，国家启动了上海、重庆、杭州、宁波和郑州 5 个城市的试点，其中最有成效的是郑州利用海关保税区物流中心发展跨境电子商务，快速增长的进出口贸易额和国际邮件数量，成为河南郑州综保区外的一个强势的经济增长点，对河南转变

经济增长方式具有长远的意义。郑州利用航空港区，通过保税区的进口产品保税、出口产品入区退税、国际物流配送分拨功能，建立了一个以郑州为核心的河南电子商务全球物流供应链服务体系，并借助出口转内销模式将贸易出口税巧妙地转移为地方增值税和所得税，促进了国际国内批量进出口货物向河南集聚中转，推动了郑州经济的开放度水平。

（二）重庆

虽然重庆跨境电商公共服务平台于 2014 年 6 月才正式上线，但已有 50 家跨境电商企业注册，成交额达 6000 多万元。2015 年 1 月，重庆跨境电商成交额 2032 万元，相当于 2014 年成交金额的 1/3，并正以每年 200%~300% 的速度快速增长。重庆跨境电商企业发展布局以"一般进口""保税进口""一般出口"和"保税出口"为主，囊括了天猫、京东、爱购保税、世纪购、优鲜码头等电商网站，在政策大力支持下，两江新区成为了重庆跨境电商发展最为火爆的区域，两江新区政府除了专门研究出台《重庆两江新区促进跨境电子商务发展试行办法》外，还依托保税区空港功能区规划建设了 5 平方千米的电商产业园，密集培育大型电商企业发展线上网购零售。同时，加大流程监管力度和数据信息服务，吸引更多线下贸易和企业。重庆发展跨境电商的经验是以保税港区为中心充分利用试点优惠政策，依托完善的水陆空铁交通枢纽沿内陆保税区辐射中西部地区 7 个周边省份 2.5 亿的人口，构建出一条从硬件设施、运行管理模式及通关监管较为完整的跨境电商链条。由于该套服务系统与海关快件通关系统连接，实现了"快件系统通关、联网辅助监管、数据自动传输"模式，同时要求电商在重庆设立结汇机构，提供通关凭证和交易记录办理结汇。

未来，重庆保税港区将借助跨境电商，有效地发挥"渝新欧"国际大通道功能和重庆水、陆、空综合物流优势，创新建立面向欧美、俄罗斯、东亚等跨境电商新兴市场的物流通道，有效改善重庆工业基地产业结构，提升重庆现代服务业产业发展水平，使保税港区成为西部最大的跨境电商物流基地和进出口商品集散中心。

（三）上海，杭州，宁波

上海依托自贸试验区采用了保税进口模式，发展本地跨境电子商务，主要将网购商品纳入私人用品范围以规避国检渠道，加快了通关速度，但仍然在不断摸索之中。

杭州和宁波以出口包裹通关模式预先进行产品备案，以报关分送集报模式每15天进行一次核销，清关后再移交至中国邮政，然而由于外管局无法获取电商的进出口记录，导致线上外汇结算困难，同时两地的国际航线较少，制约着两地的跨境贸易电子商务的发展。

二、宁夏跨境电商发展目标

（一）宁夏跨境电子商务的总体目标

宁夏跨境电子商务的总体目标应重点放在银川综合保税区内，依托银川海关监管体系和政府专项管理部，吸引商贸、物流、金融、IT领域的实力企业，整合优质供应商资源打造线上线下全方位的跨境电子商务产业集群，以信息中心、物流中心和结算中心为功能板块，引入相应的实体企业建设和运营，通过信息交互传递，实现贸易谈判、信息共享、订单管理、外汇结算服务，整合成一个完整、高效、统一的宁夏跨境电子商务平台（见图6-1），平台还将帮助供应商了解有效信息和市场动态，以此调整发展战略和生产目标，同时记载电商企业的绩效和信用，作为未来开展信贷、资金和融资方面的评估依据，创建出一个基于产业链整合管理的跨境电子商务贸易模式，推动宁夏产业经济转型升级。

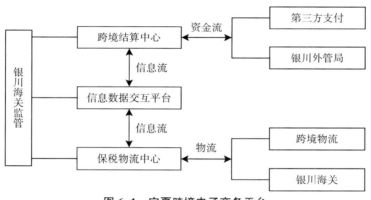

图6-1　宁夏跨境电子商务平台

（二）宁夏跨境电子商务的服务目标

宁夏跨境电子商务的服务目标主要是大批量的中小进出口企业和微型企业，借助电商平台和试点政策，企业将充分享受保税区的优惠待遇。比如享受外贸通关"绿色通道"，拓展海外网购渠道，保税物流中心分拨货物，搭建一条由保税物流中心仓库直接抵达买家的阳光通道，真正解决跨境电商的"清关难、退税难、结汇难、物流受阻"四大障碍，降低跨境电商企业的通关成本。如图6-2所示。

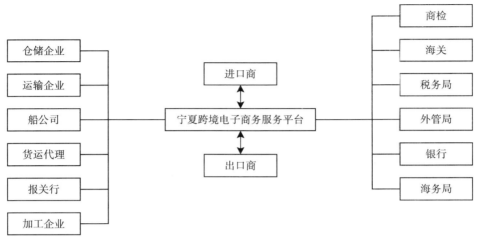

图 6-2　宁夏跨境电子商务服务平台

第四节　银川综合保税区跨境贸易电子商务模式探讨

宁夏跨境电子商务应纳入银川海关的货物贸易监管体系，根据进出口贸易作业流程解决在货物通关、结汇、退税等方面的一系列障碍。因此，宁夏应以网络交易、网货展示、仓储物流、分拨配送为核心内容，整合市场采购贸易与电子商务，设立境外物流分拨中心，探索跨境电子商务+境外物流配送的跨境电子商务新模式。结合银川综合保税区的实际情况，银川综合保税区跨境贸易电子商务模式主要从以下几个方面进行探讨。

一、出口（含出口转内销）包裹模式

出口（含出口转内销）包裹模式是指国内企业入区后"出口"和"转内销"两种情况下的跨境贸易电子商务模式。因为银川综合保税区享有国内货物入区视同出口，实行出口退税的优惠政策，将有利于引导国内企业入区，享受出口退税，降低产品成本，提供更有竞争力的商品面向更大的市场。这种跨境电商模式吸取了前文试点城市模式优势。

模式要点：

（1）企业必须在综保区内注册，产品须进入综合保税区内并接受海关的监管，产品先在海关备案，当网购发生时电商将网购交易记录反映到海关系统中；

（2）企业出区的时候以成交记录为依据，可采用分送集报模式申报（定期核销），将产品在口岸作业区交给第三方物流公司并出具收货证明后快速通关；

（3）出口企业可依托电商平台集中定期结汇；

（4）内销的货物包裹认定为私人用品（而非贸易商品），因此在产品出区内销时海关以成交记录的价钱为依据，征收行邮税；

（5）终端消费者交易记录在案，确保一切购买行为按国家现行规定执行；

（6）该模式有利于地区性、民族特色性产品推广和出口加工企业产品推广。

二、进口包裹模式

进口包裹模式指国外货物入区的保税产品内销和国内消费

者直接购买境外货物两种情况下的跨境电子商务模式。

（一）国外货物入区的保税产品内销模式

该模式与国内货物入区转内销模式类似，区别之处在于国外货物入区没有退税这个环节。且其交易以人民币结算，也不存在结汇问题。模式要点如下：

（1）企业产品须进入综合保税区内并接受海关的监管，产品预先在海关备案，当网购发生时电商将网购交易记录反映到海关系统中；

（2）产品内销的包裹认定为私人用品（而非贸易商品），因此在产品出区内销时海关以成交记录的价钱为依据，征收行邮税；

（3）企业产品出区的时候以成交记录为依据，可采用分送集报模式申报（定期核销），将产品在综保区口岸作业区里交给第三方物流公司并出具收货证明后快速通关；

（4）终端消费者交易记录在案，确保一切购买行为按国家现行规定执行。

（二）国内消费者直接购买境外货物模式（该模式和上海进口包裹清关模式类似）

（1）指定东方支付作为平台，参与完成整个通关流程。

（2）电商与东方支付系统对接，将产品在海关预先备案。

（3）电商在交易发生后，将交易记录上传至东方支付/海关。

（4）海关按行邮税率预扣税款并回传二维码防伪标识，该标识须在起运地打印并贴在包裹上。（将网购的包裹认定为私人用品而非贸易商品）

（5）该包裹进入中国时，走绿色通道，快速清关。终端消费者的资料记录在案，确保一切购买行为按国家现行规定执行。

（6）东方支付网与外管局对接，线上完成外汇结算。

综上分析，通过对银川综保区的具体情况和跨境贸易电子商务模式的探讨，总结出综保区出口（含出口转内销）包裹模式和进口包裹模式。两种模式都有待政策上的支持，对海关的监管和通关流程改革也提出了新的要求。如果发展成熟，将有利于拓展银川综保区的保税业务和保税物流业务，有利于促进银川的电子商务产业园的发展，有利于国内民众更好地购买境外优质商品，有利于增加税收和就业，势必对银川的经济发展产生深远的影响。

第五节 宁夏跨境电商存在的问题

一、物流速度成为发展瓶颈

互联网解决了全球范围内信息流和资金流的自由流动，但没有改变物流的方式。电子商务通过互联网打破了时间、空间上的限制，减少了中间环节，降低了交易成本，但物流渠道是货物实际送达的必须通道。伴随跨境贸易电子商务的急速扩张，物流速度特别是通关速度成为电子商务时代最为关注的问题之一。一方面，社会和企业要求进一步提高通关效率，降低贸易成本，解决外贸电商结汇、退税难的问题；另一方面，跨境快件、邮件数量的快速增长也对通关工作提出了新挑战。

由于国家对于跨境电子商务这类新型贸易方式没有针对性

的监管政策和措施，而现有银川海关通关模式均不适合该类业务的操作，宁夏企业通关周期长、费用高、无法结汇，也不能退税，跨境物流速度已严重制约了宁夏跨境贸易电子商务的发展。

二、海关监管

（一）信息共享方面

交易信息高度数字化，但数据分别集中在交易链不同环节中，海关尚不能完全掌握。与传统贸易相比，在电子商务环境下，交易信息、支付信息、物流信息等均已实现数字化，可以通过网络实时传送、跟踪查询、验证核实，但这些信息分别由贸易商、交易平台、银行以及不同的政府部门所掌握。由于职能的限制，海关还无法全部实时掌握，信息的不对称给海关全面高效监管带来了困难，海关对货物的监管有待于通过线上数据进一步拓展深化。

（二）作业流程方面

一是难以确定网购通关货物的范围，即哪类货物、多少价值和重量才可以通过网购渠道进出口，超值超量作何处理等问题有待解决。

二是若采取手工纸质审单，将需要大量的人力和时间来处理申报单证，通关质量和效率必定受到较大的影响，而缺少系统的支持，审价、统计、监管条件判断、风险分析，监管风险增大。

三是网购货物通常由一家网络商店同时向众多发件人发出多票货物，单票货物税额往往较低甚至不达起征点，审单环节难以将此项正常业务与快件渠道的"分票"行为进行区分，部分不法分子亦可能利用网购渠道进行"蚂蚁搬家"等走私违规行为。

四是查验、理货环节需要的人力与时间成本同样巨大。

三、小额进口税制机制不完善

跨境电子商务促进了国际间信息流动，然而无法回避货物自由流动的国界障碍。因此，海关通过成为了目前跨境电子商务发展的最大壁垒，如果实现小额跨境电子商务贸易商与消费者交易渠道的畅通，一个亟待解决的问题是在国际框架下，建立健全一个全新的小额进口税制机制。

四、缺乏跨境电商网上争议解决平台

由于全球互联网普及和快速的宽带接入，移动商务日益频繁，截至 2014 年底，全球互联网用户的人数超过了世界人口的 1/4，而 20 世纪 90 年代后期的网络用户仅为世界人口的 3.5%。伴随着大量跨境小额商品交易，现行传统的网上纠纷和网上争议解决机制已完全不适合处理小额量大的跨境电子商务纠纷，比如原有的《中国国际经济贸易委员会网上仲裁规则》适用于大宗商品电子贸易，耗时久、费用高、程序复杂。因此，交易价值低和争议处理成本高成为了小额量大商品交易最尖锐的矛盾，造成了宁夏网上用户跨境购物缺乏安全感，网上救济更无从下手，阻碍了跨境电商网购的发展。

第六节　宁夏跨境贸易电子商务发展措施

一、政府层面

（一）应积极探索并完善相关制度

面对电子商务的发展，有关国家和地区都在根据自己的情况研究探索如何应对互联网条件下货物物品进出境。欧盟委员会认为，电子商务是经济增长的重要支撑，欧盟急需建立完备的税收政策执行体系，任何税收制度和方法应当促进其快速发展，不能成为障碍。俄罗斯政府拨款1200万卢布研究制定互联网购物海关监管的法律和综合技术。宁夏政府也应加大对电子商务监管和税收政策的研究力度。

（二）政府保驾护航，监督管理

为了给跨境电子商务营造一个有利于其发展的环境，应出台相关措施，旨在建立和完善电子商务发展的公共基础设施，帮助企业清除发展道路上的障碍。政府应联合银川海关、综合保税区、税务等相关部门，不定期前往郑州、上海等5个试点城市展开调研，为宁夏跨境电商发展提供经验和技术支持，并从中总结和制定通关、结汇的管理办法，扶持有条件的电子商务企业参与跨境电商平台建设。同时，结合本地区的资源禀赋状况，以各种资金和政策支持，大力打造跨境电子商务的技术、物流、管理支撑体系和配套措施，使电商企业优化操作流程，享受快速通关、及时结汇、简化出口退税手续、多渠道信息服务等措施，实现政府与企业的无缝对接，如图 6-3 所示。

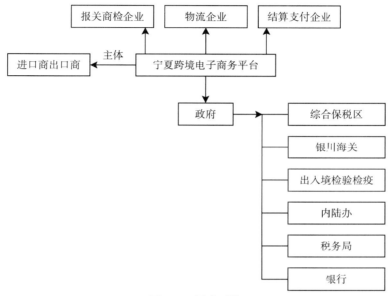

图 6-3　平台对接

（三）建立跨境电子商务出口管理平台

跨境电子商务改变了传统的外贸贸易模式，为此，宁夏政府应为外贸企业建立信息仓库、询盘报价、电子合同、电子支付、贸易融资、通关物流等模块的跨境电子商务贸易平台，同时联手环球商业联盟平台（IBU online）、敦煌网、eBay、PayPal、ECVV 等外贸 B2B 平台，拓展稳定优质的供应链，实施跨境网络营销工程。

政府还应扶持银川海关搭建跨境电子商务出口管理平台，该平台需与电商的交易平台以及快件监管中心目前使用的快件业务信息管理系统对接，使该平台可以接收申报出口商品的相关信息及网络订单，以确定商品属于"网购商品"的身份。同时，该平台还应具有企业备案管理、商品数据与实货管理、闸口管理、仓库管理等功能，以便海关对整个快件监管中心的监管。"出口平台"应可完整记录"清单核放"的所有通关货物数据，同时，建立数据底账。企业要定期对一段时期内的通关货物进行汇总，并通过 H2000 系统向海关作正式申报，已申报的数据与底账对碰核销，企业通过 H2000 申报可实现结汇、退税的目的。海关可通过"出口平台"对所有已申报及未申报的数据进行检测，并定期进行核查。

（四）发挥区政府协调功能，促进宁夏跨境电商平台功能整合

区政府在宁夏跨境电子商务项目建设的全过程中，应积极发挥自身的协调作用，充分与所涉及的各类政府机构座谈沟通，制定项目发展规划，统一目标和认知，协助政府建设一个集商品交易、通关服务、信息资讯、物流配送、交易支付、监管服务为一体的，具有整合力和包容性的国际贸易网络体系。具体来说，邀请银川海关、外汇管理中心、宁夏内陆办、宁夏博览局、宁夏金融机构、宁夏物流协会、宁夏法律协会等，共同商谈该项目的监管服务和风险控制，在统一的发展规划下制定具有针对性、可行性、操作性的服务和监管措施，同时需要对企业做好辅导工作，指导企业在电商平台框架内建立健全各项内控制度。

另外，应结合传统国际贸易管理原则，按照真实性、便利性和均衡管理原则加强联合监管，构建全方位监管体系，确保交易的合法合规。比如，对于合作银行，应对支付机构代收付环节进行审核，代交易主体对跨境电子支付交易进行逐笔申报；

对于银川海关，应最终根据确认货物境外妥投后予以签发出口报关单，以证明交易的真实性，企业同时可据此通过信息中心反馈至结算中心，办理结汇退税；对于物流企业，应建立平台仓库信息系统，使商品流通环节的配送链透明公开，有利于通过网络实时监控货物的运输信息，实现商品运输监管；对于外汇管理局，应加强对银行和支付机构的非现场核查及现场检查。同时，参照货物贸易和服务贸易外汇管理模式，全面采集支付机构订单、物流数据和国际收支申报逐笔数据，按照交易项目分别纳入货物贸易外汇监测系统和服务贸易外汇业务非现场监管系统管理，在此基础上实施总量核查和非现场监管。

探索建立"一门受理、多证联办"的行政审批管理模式为方向，按照国际贸易"单一窗口"建设要求，整合资源、优化流程、压缩时限，搭建统一的口岸管理和服务平台，全面推进进出口环节审批、监管和服务平台业务系统建设。企业可通过"单一窗口"电子平台一次性输入申报数据，更改或撤销报关、报检单录入数据；关检双方可通过"单一窗口"实现查验信息对碰和"关检联网核放"。企业可通过"单一窗口"查询电子报关、舱单、结关等海关通关信息和自理报检企业备案号、报检单号、报检单流程、通关单状态和计收费等检验检疫信息。海关、检验检疫等口岸监管部门可以通过"单一窗口"实现信息共享。借用现代信息技术，建设口岸管理和服务公共数据交互中心，实现口岸管理和服务部门涉外审批事项的网上集中办理以及进出口业务信息流和货物流等电子底账数据的集中存放，推进与国内"单一窗口"平台和国家层面口岸监管平台的对接，实现数据订阅和联网查询。

二、海关层面

（一）扩大海关信息来源提前防范风险

除了根据贸易商向海关申报的信息进行风险分析以外，各国海关都比较注重通过与国内外其他政府部门或有关机构进行联网等形式共享信息。

美国海关与边境保护局与美国移民和海关执法局、联邦政府其他执法部门以及很多国家的海关与政府部门建立了合作机制，进行信息共享和联合行动，还充分利用其他部门的网络数据库加强监管。美国联邦贸易委员会与 28 个国家成立了国际市场监管网络，美国联邦政府执法机构均可从网站获取有关信息。俄罗斯海关与俄邮政间实施单证电子联网，缩短单证流转时间，加快验放速度。欧盟海关与邮政部门成立专家组，推动海关与邮政之间的信息共享，与美国、日本、加拿大等国海关和邮政部门开展了邮递物品信息互换工作。法国海关与邮政部门建立了全自动电子数据交换系统，在邮递物品抵达前海关可根据邮政部门数据开展风险分析。法国海关与美国海关之间，以及法国海关通过法国邮政与美国邮政之间，都建立了信息互换机制。

银川海关与口岸其他部门在信息共享方面不断加强合作，但在获取自然人信息、识别证件地址真伪等方面还需要其他有关部门的支持，特别是与宁夏邮政以及国外邮政机构的信息交换合作还需要进一步拓展。另外，需进一步深化与口岸部门的合作关系，加大数据共享力度，而且积极扩大与公安等其他部门以及电子商务交易平台运营商等企业的协作，扩大信息来源，对信息进行验证和风险分析，规避不法厂商利用信息不对称的弱点实施走私瞒骗等违法行为。

（二）加快物流通关速度

在改革通关监管模式，简化通关程序，加快通关速度，引导和鼓励合法贸易方面，英国海关的做法有其独到之处。英国海关与部分国家（地区）贸易商进行合作，由贸易商预收代付增值税，既保证了税款征收，又加快了通关速度。具体做法是：英国海关与其他国家（地区）海关或邮政当局签署备忘录，该国（地区）海关或邮政局发给贸易商唯一授权号码，该国外贸易商可事先代收应缴增值税并预付给英国海关，有关物品在实际进口时，海关通过对授权号码的识别，确认不需要征收税款直接放行，大大加快了通关速度。目前与英国签署合作备忘录的国家（地区）包括新加坡、新西兰、中国香港、海峡群岛。

电子商务已经成为中国经济新的增长点和发展动力，成为中国企业寻求海外商机的新选择。在这种势态下，社会各界对于海关高效放行的期待越来越高。我国海关正在几个跨境电子商务试点城市进行直购进口等模式试点，通过在境内培育有关政府部门认可、规范的跨境电子商务网站，建立"阳光"跨境直购渠道。国内个人购买者在指定网站订购商品，提前进行网上申报并预缴行邮税，商品入境时自动扣缴税费，实现分类快速验放。银川海关应借鉴我国试点城市的做法，并与国外进一步对比，不断开拓思路，创新方法，推进贸易便利化，加快通关速度，促进电子商务健康发展。

（三）建立立体化监管模式

跨境电子商务将传统贸易中环环相扣的信息流、物流、资金流细分开来，形成"线上商品交易"与"线下货物配送"的贸易模式。根据这一特点，银川海关监管可从跨境物流的环节入手，构建"线上信息验核、线下实货通关"的立体化监管模式，通过线上信息系统创新，线下政策法规创新，把握交易双方物流环节，突破目前的监管难题。

1. 加强部门协作和资源共享

目前，银川海关对其监管的主要着力点仅限于物流配送环节及物流企业，对真正从事跨境交易的虚拟网络商城、网络商铺以及交易环节，缺乏掌控力度。这迫切需要在制度层面上加强海关与相关管理部门的协作，共享管理资源，优化管理机制，尽可能在跨境网购监管上实现"由企及物"的管理。

2. 在政策层面上对快件渠道跨境电子商务（网购快递）予以支持

从跨境电子商务的物流配送环节分析，与目前快件物品的简易通关模式比较契合，同时，目前正在讨论阶段的《中华人民共和国快件监管办法》亦对适用快件简易通关模式的物品范围进行了扩充（由货样广告品变为货物），可以考虑将此类网购快递货物纳入快件渠道监管，或比照快件监管。建议基于现有通关相关法规，结合跨境电子商务特点及通关业务流程，制定并实施跨境电子商务通关管理办法，同时制定跨境电子商务报关单及通关证明等单证标准。

3. 完善相关监管规程，开发跨境电子商务监管作业系统

一是以网购成交合同（订单）确认网购快递货物的"身份"。在快件监管系统中开发跨境电子商务快件综合通关子系统，将电商网络平台与监管系统对接，通过全程跟踪网购成交合同（订单），确认网购快递货物"身份"，海关形成对"信息

流""资金流""物流"三维信息的合一比对、实时监控，实现商品的有效查验，及进口业务在交易过程中所有申报数据可控、可视化、可追溯。

二是对网购物品实行简易归类（归大类）、实施类似行邮税的税目管理，同时取消关税50元起征点。对于各国海关而言，对小额进出口货物的管理本身就是一个两难问题，完全放开小额进出口，不利于海关控制，容易给国家造成损失；而对小额进出口管制过严，必然会阻碍产业的发展，也将出现更多不通过正规途径的地下交易。

建议对网购物品实行简易归类（归大类）、实施类似行邮税的税目管理。大部分网购物品为个人自用（如前述大部分为零售），可以考虑以行邮税形式对大类征税；网购物品一般价值低、量小、批次大，如果逐票申报，给企业通关成本、海关监管人力资源带来极大压力；取消50元起征点，将有效降低"分拆票"的动机，降低不法企业钻政策漏洞的风险。

三是对快件渠道跨境电子商务网购商品的种类进行限制，将高端电子产品、高价值日用品予以划出，要求其单票单报，以降低因简易通关而产生的税收偷漏风险，并参照行邮渠道旅客限制限量模式，对消费者每年跨境网购进行限制限量，减少"蚂蚁搬家"的监管风险。

三、建造宁夏跨境电子商务服务平台

宁夏应借助银川综合保税区，借鉴其他跨境电子商务试点城市的经验，建设跨境电子商务服务平台，通过减少流通环节，降低流通成本，缩小生产者与消费者之间的距离，加速产品的

产业化、市场化进程，将颠覆传统的产品生命周期理论，促进产业链各环节的资源优化配置和生产流程的再造，推动宁夏生产生活方式的重大变革。

宁夏电商平台建设应立足银川综合保税区，整合国内外商品供应商和采购商，围绕店铺搭建、市场推广、信息发布、第三方支付、国际物流、退税核销等功能模块，联合国际性的电子商务信息平台，如 eBay、阿里巴巴、全球速卖通、敦煌网、环球资源网等出售商品，以及国际性的第三方支付平台（如贝宝 PayPal），来共同完成外贸电子商务服务平台的系统建设（见图 6-4）。该平台应涵盖海外推广、产品上传、交易磋商、物流追踪、在线支付、售后服务、信用体系和纠纷处理等综合服务内容，体现专业化、一体化、全程化的全价值链的外贸服务体系。

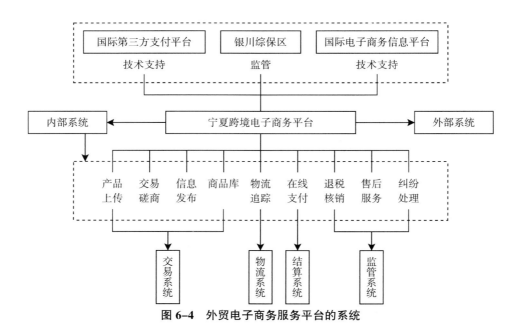

图 6-4 外贸电子商务服务平台的系统

四、宁夏跨境电子商务建设对接中阿博览会

信息技术使广东广交会跨入世界一流展会行列，通过电子商务和实体展会的紧密结合，实现了网上洽谈，现场成交，宁夏跨境电子商务建设应借鉴广交会的成功运作模式，将电子商务引入到中阿博览会中。

首先，力图创造较好的软件网络和软件开发等信息化建设作为基础保障，搭建电子平台邀请境外企业交流与交易，弥补实体展会信息的不完整、境外企业参展的不确定性、场地和商品数量的有限性以及时间的约束，通过线上线下结合，实现中阿博览会的会前宣传和会后延伸，拓展展会的产业链。

其次，宁夏跨境电商平台体系应专门设立中阿博览会贸易板块，使其完整化和规范化，具有宁夏地域特色。

第一，应将宁夏优势产业分类，包括清真养殖、畜牧业、纺织品、工业、中药材等，通过搜索引擎提供宁夏供应商和商品的详细介绍，获取公司网站、商品图片、规格、价格等信息参数。

第二，应专门设置宁夏参展企业的详细介绍，包括参展摊位地址、物流配送服务、参展人员介绍等，以便客商进行选择。

第三，应运用英语和阿语，贯穿于中阿贸易板块中。

第四，应具备相应的协作、监管机构作为支撑，比如纳入合格的国际物流企业、电子信息技术企业、宁夏法律协会、银川海关、宁夏内陆办、宁夏博览局等，为境内外企业提供相应的咨询和贸易服务。

最后，宁夏跨境电子商务平台应搭建网络交易结算平台，

将信息和数据交互处理、网上商品交易、电子支付、网络身份安全认证等电子商务技术全面引入展会。

五、宁夏跨境电子商务应介入银川综合保税区

入驻银川综合保税区的企业，可自动成为宁夏跨境电商系统的成员，并为企业提供电子商务自建方案，整合通关企业备案、商品信息、海关申报、进出口单证传输、商品税目、仓库管理、快件渠道监管、退税核销、数据统计、海关政策解读等环节，为保税区内企业提供良好的国际贸易服务，促进银川综合保税区的服务能力、监管能力和辐射能力，为宁夏未来创造经济效益和社会效益。

六、法律方面

按照国际贸易法委员会的定义，跨境电子商务网上争议解决是指借助电子通信以及其他信息和通信技术进行和协助进行争议解决程序的一种跨境争议解决办法，其核心在于依托现代先进通信技术，解决 B2B、B2C 跨境电子商务交易争议，比如采取网上调解模式（eBay 就是运用电子邮件等电子通信工具进行网上调解），或者采用电子商务中的企业信誉标记，借助网站上显示的企业形象、标识说明商家的诚信度，加入信誉标识的商家遵守网站设置的赔偿方案。Euro-Label 就是一个典型的互联网信誉标记，有效地避免了网上交易面临的交易安全性的问题。宁夏跨境电子商务发展，一方面，需要充分了解现行的相关网上争议规则，可以借鉴 2009 年中国国际经济贸易仲裁委员会制定的《中国国际经济贸易法委员会网上仲裁规则》，虽然仅仅面

对的是交易额较大的、实名的 B2B 电子商务纠纷，但也能通过提供高效规范化的争议解决，有效引导交易参与方规范各类市场行为，稀释交易矛盾，为解决小额争议提供借鉴；另一方面，面对同一争议，尝试引入网上谈判、协助下的调解和仲裁的一体化的争议解决模式，避免重复提交证据、重新审查，提高争议解决的进度和效果，促进跨境电商的快速发展。

无国界网购的大门已经缓缓打开，小额跨境外贸电子商务交易也已基本扫清技术上的障碍：国内卖家基本都已会熟练使用 PayPal，此外还有在线翻译软件可以帮助我们即时与海外买家沟通，加之相关跨境物流配送体系的完善，跨境电子商务服务平台的系统建设及 B2C 市场的境外拓展，这一切都为宁夏小额跨境外贸电子商务提供了必要的发展条件和广阔的发展空间。虽然相比国内其他发达地区，宁夏的电子商务发展仍显出一定的滞后性，但小额跨境外贸电子商务作为电子商务在外贸领域中的一种新型尝试，已经得到了自治区政府的大力支持，相信在未来，宁夏跨境电子商务将会进入一个新的飞跃期。

第七章
宁夏现代服务业发展中的物流业

2015 年，宁夏共完成社会物流总额 5069.2 亿元，较 2010 年增长 98.2%，年均增长 14.7%；物流业增加值达到 338.3 亿元，占全区 GDP11.6%，占服务业增加值的 26.1%。完成货运量 43769 万吨。其中，铁路货运量占全区货运总量的 12.9%。全区铁路营业里程达 1131 千米，铁路网密度达到 1.6 千米/百平方千米。公路通车总里程 3.3 万千米，公路网密度达到 50 千米/百平方千米，其中高速公路通车里程 1527 千米。随着物流业的快速发展，物流企业也纷纷落户宁夏。2015 年宁夏全区共有各类物流企业 2007 家，引进了甘肃西部物流、江苏润恒、中铁物流、中远物流、中国物流、华宇物流、顺丰、"三通一达"等国内知名第三方物流企业在宁设立分（子）公司或办事处，共完成快递业务量 2231.9 万件。全区共有占地 150 亩以上的物流园区（中心）60 家，涵盖了货运枢纽型、生产服务型、商贸服务型、口岸服务型和综合服务型等多种类型，物流节点空间网络体系基本形成。

第一节 城市物流

地区经济发展离不开城市物流发展，如果城市物流发展落后于地区经济的发展，将制约整个地区经济的发展。只有城市物流发展与地区经济的发展处于一致状态，即地区经济发展需求与城市物流发展需求相一致，才能最大限度推动城市物流发展。日本教授谷口荣一（1999）定义城市物流为在市场经济环境下，通过对以城市为基础的物流活动进行优化的同时，综合考虑城市物流基础设施、物流成本以及物流资源浪费等问题。我国学者方虹（2005）从正向物流和逆向物流的角度对城市物流定义为城市区域内物品的正向物流活动和废品的逆向物流活动，在城市外部区域表现为物品的集中分配的形式。随着互联网的发展和广泛应用，城市物流被广泛定义为企业运用先进的信息系统，在市场经济环境和一定的交通条件、能源消耗等因素限制情况下，对城市物流活动和运输活动进行优化的过程。

城市物流受区域范围和区域经济发展的约束，其特征如下：

（1）城市物流网络节点多而杂。城市物流不仅包括运输流通，还包括商品等从生产到消费的一切时空流动。物流节点包括第三方物流、企事业单位、个体户、政府职能部门等，这些节点形成了城市物流网络节点。

（2）城市物流管理较为复杂。城市物流节点复杂，主体多，并且他们存在相互竞争与合作关系，管理难度大。

（3）城市物流以公路运输为主。城市物流活动受地理位置的影响，主要以公路运输为主，铁路运输其次。

城市物流发展要适应地区经济发展水平，政府需对城市物流发展进行合理规划。城市物流规划要依据城市未来的物流量、城市所处的经济区域大物流系统的规划和布局、城市功能分区规划和物流大企业的布局规划来对城市物流发展进行规划，规划的步骤包括布点规划、布线规划、布置规划。李松志等（2006）考虑到城市物流活动带来的负面影响，提出新的城市可持续发展理论，并从经济、生态、社会三个方面指导城市物流规划。

与发达地区相比，宁夏物流业起步较晚，城市物流业的发展是带动宁夏区域物流发展的重要引擎。影响城市物流发展的因素繁多，各种因素之间又相互影响。李孟涛（2013）从城市辐射能力、集聚能力、物流服务、物流区位、物流效率五个方面构建城市物流经济绩效评价指标。童孟达（2002）从现代物流服务供给、物流需求、发展成效和发展环境四个方面构建评价现代物流发展水平的指标体系。王阿娜（2010）从物流发展能力和发展环境两个方面提出评价大连市物流发展水平的两个指标，以此对大连市的物流情况进行横向与纵向对比研究。

第二节 物联网对城市物流的影响

近年来，由于信息技术的发展、物流装备的进步、管理理念与制度的变革，城市物流业发展进入了一个新时期。以 GPS

技术、RFID 无线射频技术、电子数据交换技术为代表的物联网技术的应用，为城市物流业发展提供了新的发展空间。物联网（IOT）强调物与物的相连，被看作是一种通过各种信息传感设备使现实中各种物体互为联通而形成的网络，其使得所有物品都有数字化、网络化标识，方便人们识别、管理与共享。现代物流中的物联网技术体系，如图 7-1 所示。

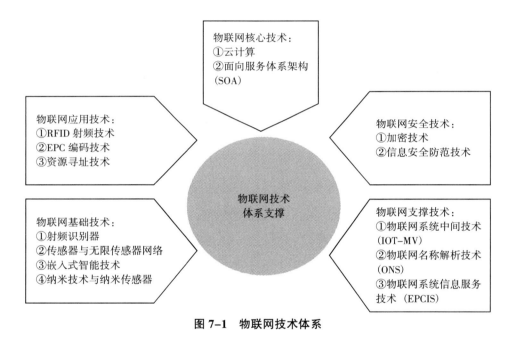

图 7-1　物联网技术体系

　　通过物联网技术的应用，可以实现运输环节的智能化与信息化，通过整合内外资源，提供"一站式"综合物流服务，满足客户对运输业务的个性化需求。在物流配送的过程中采用 RFID、GPS 等先进的物联网技术，可以及时获取配送中的货物流向、货物出入库管理、货物储存等情况，根据及时反馈的信息对路线进行实时调整，调高配送的效率，降低企业配送成本。

（1）传统的出库与盘点过程，都是人工对物流信息进行录入，操作人员易疲劳，不能时时保持高度集中的注意力，存在信息录入的错误。而运用 RFID、EPC 等技术可以对每个货物进行编码、识别及信息再录入等操作，在仓库装卸作业中采用物联网技术作为信息载体，减少操作失误。

（2）在物流运输的特定运输线上安装 RFID 系统中的读写器设备与传感设备，通过运输货物上的电子标签可以获取运输途中货物的位置信息，实现对在途货物的管理与控制，工作人员和用户通过输入货物编码和访问密码即可随时查询货物状态，实现在途管理的可视化和透明化。

（3）根据物流配送的实际需要，在物流在途配送运输的过程中，新增了配送信息自动更新、到达时间自动提醒、送货信息自动反馈等功能，这些自动的功能，减轻了信息收集人员的负担，使物流配送中心根据实时的情况的变化，形成最优的解决方案。

（4）电子计算机管理下的自动化立体仓库，在货物管理上采用高货位的机械设备进行作业，性能与结构比较灵活，有分离式与组合式两种结构形式，并且可根据物品的特性对仓库环境进行灵活设定，比如防潮仓库、自动制冷仓库、防爆仓库等。在仓库的进货口处设置 RFID 读写设备，当粘贴有电子标签的货物在生产流水线上经过 RFID 读写设备时会自动将货物信息扫描并存入主机系统的数据库。在仓库将货物分拣完毕后，出库依然经过 RFID 读写器设备对出库货物信息进行扫描录入，以便及时监控货物的流向。

（5）物联网体系为物流企业提供的与客户进行的即时化、准确化的信息沟通，通过物联网对货物配送的全程监控，向客户动态地反馈监控信息，并及时地接收客户的动态需求变化，及时对服务做出调整，可满足客户灵活性的需求，提升对客户的服务质量，提高社会满意度，为客户树立良好的企业形象。

（6）货物在途运输中可能进行多次重新配载，在物联网环境下，企业物流配送的各项货物属性信息都被录入信息系统中，因此在重新装载的过程中，企业物流信息系统根据录入的货物的状态数据与属性数据，可以进行自动的分拣、装载、配送，以达到缩短货物周转周期，减少配送成本的目的。

第三节　物联网环境下银川物流业发展现状

银川作为西北地区的一个区域性节点城市，对于西北地区物流业的发展具有重要作用。近年来，宁夏政府出台了一系列政策促进了银川市物流业的快速发展。"十二五"期间，银川市社会物流总额以年均 14.98% 的增长快速发展，与同期全国 8.7% 的年均增速相比，高出 6.28 个百分点。2015 年，全市社会物流总额完成 2597.56 亿元，同比下降 2.8%；全市物流相关行业实现增加值 119.59 亿元，按可比价格计算，同比增长 0.6%。

一、基础设施建设

（一）公路基础设施建设

银川是宁夏的省会，是全区的经济、交通、政治中心，目前已形成以银川为中心连接辐射全区的交通网络。银川市有 6 条国道和 9 条省道从境内穿越，青银高速、京藏高速、福银高速、银西高速、银巴高速、古青高速、石银高速汇聚贯通。截至 2015 年底，公路通车总里程 4705.95 千米，其中国道 465.9 千米、省道 430.6 千米、专用公路 204.7 千米，高速公路通车总里程 336.8 千米。2016 年上半年，公路物流运输完成货运量 16893.58 万吨，同比增长 2.95%；货运周转量累计完成 2533379.32 万吨千米，较上年同期增长 55729 万吨千米，同比增长 2.25%。

（二）铁路基础设施建设

宁夏的主要铁路线为包兰线，从北开始连接石嘴山、银川和吴忠北部，从吴忠所辖的中卫市沙坡头区西端出区，全长 361.3 千米。这条铁路线辐射宁夏最富庶的河套平原和主要的能源富集区。目前，银川包兰铁路贯穿南北，宝中铁路横贯东西，已开通运营的太中银铁路向东可通达东南沿海各口岸，向西经陇海、兰新铁路大动脉，抵达中亚和欧洲。"十二五"期间，银川至西安客运专线项目可行性研究获国家发改委批复。银川至西安客运专线的建设将形成以西安为中心的关中城市群间和连接银川为中心的沿黄城市带交流的便捷通道，通过西安枢纽与全国快速网的互联互通，辐射华东、中南、西南等广大地区，银川至西安客车运行时间缩短至 3 小时以内。

2016 年上半年，银川累计完成货运量 2285.06 万吨，同比下降 20.95%；铁路货运周转量完成 107.2 亿吨千米，同比下降 10.66%。"中阿号"国际货运班列采取"多货源地、多式联运、多地开行"的运营模式，共发运 31 列 1471 车，货重约 55650 吨，出口货值约 5300 万美元，分别从银川火车南站、中卫迎水桥铁路编组站和中宁陆路口岸始发，发运至哈萨克斯坦和乌兹别克斯坦。

（三）航空基础设施建设

银川是 42 个全国性综合交通枢纽城市之一，是中国北方向西出境通往中东、欧洲的雅布赖航线必经节点，也是中国—中亚—西亚的重要节点城市。银川河东国际机场距银川市中心 19 千米，机场三期扩建跑道延长和机坪扩建项目投运后，飞行等级由 4D 级升为 4E 级，具备保障各类大型飞机起降能力，属国内干线机场。银川河东国际机场入驻运营航空公司 29 家，开通了至国内外 59 个城市的 78 条航线，其中国际与地区航线 11 条，以银川河东国际机场为中心，中卫沙坡头、固原六盘山支线机场为补充的"一干二支"航空运输服务网络日益完善。

近年来，宁夏民航事业高速发展。银川河东机场已开通至国内外 57 个城市的 72 条航线，至全国省会城市直航比例超过 80%，成为全国第五个实现"省会通"的城市；开通了银川至阿联酋迪拜、韩国首尔、泰国曼谷、日本大阪、马来西亚吉隆坡、越南芽庄等 12 条国际（地区）航线，其中，定期航班 10 条，包机航班 2 条。银川河东国际机场三期扩建工程项目总投资 30 亿元，目前 12000 平方米货运仓储库（国际仓储面积 4000 平方米）已基本建成并进入调试阶段，飞行区工程已完成 98.5%，航站楼精装完成 60%，配套工程完成 80%，届时机场保障能力将达到年旅客吞吐量 1600 万人次，货邮吞吐量 10 万吨。三期扩建项目统筹规划建设了综合交通枢纽。机场四期扩建前期工作已启动，建成后可满足年旅客吞吐量 3200 万人次，货运吞吐量 61 万吨的需求。除此之外，银川月牙湖通用机场新建项目、灵武、宁东通用机场新建项目总投资 15 亿元，月牙湖通用机场新建项目建设已完成，灵武、宁东通用机场新建项目处于规划论证阶段。

2015 年，河东机场货邮吞吐量超过 3.3 万吨，较 10 年前增长 6 倍。2016 年上半年，航空物流运输货运量完成 0.61 万吨，同比增长 17.47%；航空货运周转量 972.62 万吨千米，较同比增长 21.89%，环比增长 12.14%。旅客吞吐量同比增长 15.57%，出入境旅客吞吐量同比增长 49.5%。银川河东国际机场旅客吞吐量年均增长率高于全国平均增速，已初步形成了连接全国大中城市和部分国际都市的航空网络。

二、物流园区建设

目前，银川市已运营的物流园区有银古物流园区、东腾物流园区、宁夏交通物流园、众一物流园、银川电商快递物流产业园；西北现代供应链科技园、宁夏润恒农副产品（冷链）物流产业园、宁东能源化工基地物流园区、李旺物流园区、银川交通物流园区等正在建设中；银川国际物流港即将建设。从园区来看，全市 150 亩以上的物流园区（中心）共 31 家，占全区物流园区总量的 52%，初步形成以银川综合保税区为主的外向型物流；以西夏国际公铁物流城为主的公铁联运物流、以宁东能源化工基地物流园区为主的资源型产业物流、以宁夏交通国际物流港和宁夏新华百货现代物流园为主的商贸服务型物流、以宁夏润恒农副产品（冷链）物流产业园为主的农副产品集散物流、以宁夏交通物流园为主的综合型物流、以银川电商快递物流产业园为主的新型物流业态的发展格局。基本形成了以商贸物流为主导的东部（兴庆）物流带、以电商物流为主导的北部（贺兰）物流带、以公铁联运为主导的西部（西夏）物流带，以及以建材物流、空港、保税物流、重化工物流为主导的南部（望远—灵武—宁东）物流带，物流业已经逐步成为带动宁夏经济发展的新增长极。

三、物流信息化建设

在物流信息化建设过程中，以"一云一网一图"为骨架的"智慧银川"城市信息化建设为银川市物流信息化发展奠定了良好的基础。以新华百货现代物流有限公司为代表的仓储企业充分采用条形码技术，建立了基于 SAP 技术的物流仓储信息化平台；银川同城社区配送有限公司启动了"物流银川"城市共同配送公共信息服务平台建设；交通国际物流港建设北斗卫星货车动态监控管理公共信息服务平台项目；宁夏众一物流园与"货车帮"合作，利用手机 APP 实现网络可视化、货物实时跟踪管理；新华物流股份有限公司利用 TMS 云系统整合干线货运、区域货运到同城货运；宁夏立芯万象信息技术有限公司依托香港科技大学物联网研发中心，实现了 RFID 射频标签研发、生产、应用全链条的物联网解决方案。此外，ETC 系统推广得到发展，基本覆盖全市主要的高速公路进出口，并实现了全国联网。随着银川市现代物流技术应用和共同配送综合试点工作的有序开展，城市物流配送体系逐步完善。

截至 2015 年底，全市从事仓储、运输、装卸、包装、流通加工、配送、快递、冷链、物流信息服务等业务的物流企业达到 750 多家。"2A"级以上物流企业达到 30 家，占全区 "2A"

级以上企业 71.4%。其中，"4A" 物流企业有 6 家，"3A" 物流企业有 16 家，"2A" 物流企业有 8 家。物流新生业态和技术装备逐渐成长，城市共同配送、金融物流试点工作稳步推进，智能快递柜、RFID、SAP 系统等物流技术装备应用取得较大进展，物流企业服务能力明显增强。

第四节　物联网环境下银川物流业发展中存在的问题

一、物流产业整体水平偏低

宁夏公路、铁路、民航规划建设分属不同层级、不同行业部门分别管理，造成铁路、机场和公路运输的衔接缺乏统一规划、衔接不畅。交通规划建设管理层级多，缺乏立体式统一规划。

宁夏区内配送主要以公路配送为主，公路货运场的缺失，导致宁夏公路运输水平总体较低且技术等级结构相对偏低。公路总体技术等级结构相对偏低，城际快速通道、产业基地对外通道不足，物流基础设施建设保障能力相对较弱。已建成的物流基地集疏运通道不畅，路网配套能力较差，缺少多式联运中转设施。适应对外开放需求的公路运输专用车辆、设备不足，冷链运输发育程度低。适合海关监管要求的运输设施设备少。从事国际贸易公路运输的专业物流企业数量少。从铁路运输上看，银川市铁路发展滞后，铁路运输能力没有有效发挥，营业里程和路网密度没有实质增长；公铁联运集约化程度不高，物流需求不能得到有效满足，物流成本较高。

在航空运输上，一是国际航站楼设施设备落后，造成通关保障流程不顺，服务标准不高。河东机场 T1 国际航站楼相关配套设施不健全，通关保障流程不顺，查验单位功能性用房不足，服务标准不高。T2 国际厅改造工程因其先天结构因素制约，无法从根本上解决通关流程不顺，查验单位功能性用房不足的状况。二是与国际国内航空公司合作深度不足，本土航空公司仍未组建。国际国内航空公司对宁夏航空市场的重视程度不够，造成航线开辟困难，开通航线少，合资合作成立航空公司、设立运营基地积极性不高。由于没有本土航空公司，我区相对缺乏对运力调配和航线开辟的主导权。

二、物流园区建设同质化严重，物流企业缺乏竞争力

由于部分物流项目建设缺乏科学规划，现有和拟建的物流项目之间缺乏合理分工和协调，互补性较弱。物流园区功能定位和发展模式不明确、服务区域重叠、功能互补性差，同质、无序竞争等现象依然存在，物流园区建设与区域经济发展衔接不足。银川市"A"级物流企业共有 30 家，尚没有"5A"级物流企业，物流市场呈现"散、小、弱"的特点，物流企业成长与物流量增长不协调。

从物流企业发展进程来看，部分物流企业是由传统行业如煤炭、化工、冶金等行业脱离出来，重生产、轻管理，对现代物流发展认识不足，企业业务单一，缺乏对整条供应链的集成设计。企业自营物流现象比较普遍，以供应链为基础的物流网

络和企业联盟尚未形成。相较于传统物流企业，第三方物流公司具有较为先进的物流理念，企业信息化程度较高，但企业间协调配套程度低，造成企业重自身信息化建设，缺少利用信息化进行协调提升，物流总体水平不高，物流行业整体竞争力不足。

三、物流业现代化发展水平有待于进一步提高

2014 年，宁夏信息化发展指数为 58.47，低于全国 66.56 的平均水平，位于全国第 25 位；2014 年，宁夏两化融合（即信息化与工业化的高层次深度融合）指数为 48.8，低于全国两化融合发展总指数 66.14 的平均水平。2014 年，宁夏互联网宽带速率指数为 66.8，低于全国 69.55 的平均水平，互联网带宽仅500G。省域带宽出口指数为 11.99，远低于全国 63.42 的平均水平，位于全国倒数第三，制约全区企业信息化水平的提升。在信息全球化、多元化的今天，物流信息化发展落后阻碍了城市经济的发展。

宁夏物流业经营模式单一，综合服务功能不强。物流业附加值较低，缺少国际化、高品质的物流服务商，难以提供流通加工、物流信息、库存管理、成本控制等增值服务，综合服务功能不强，物流业长期处于低水平的运营阶段。宁夏物流产业增长方式粗放，服务主要局限在运输、仓储等基本环节，存在着专业化程度不高、设施装备配套性差、综合服务能力不强、信息联通不畅等问题。很多物流企业依然采用传统物流设施，物流效率低下，配送不及时，且物流配送成本较高。物流信息化、标准化程度有待进一步提高。由于目前物流业信息化、标准化程度不高，"信息孤岛"、车辆空返、编码不统一等问题还

较严重，一定程度上影响了配送速度和车辆满载率，导致物流成本较高，效率较低。一些物流企业对信息技术应用的认识仅停留在办公、监控等方面，物流企业信息平台的建设很难完成。对此，很多物流企业只能依托公共化的物流信息平台。信息与物流信息化的低程度导致在配送过程中的信息滞后，一定程度上增加了企业的物流配送成本。由于高新技术设备投入成本较高，物流配送运输过程存在设施落后的现象，现代化的集装箱、散装运输发展落后，专门性的大型运输车辆少，交通运输设施也不能完全符合运输配送的需求，与国内物流发展的平均水平存在差距。

目前，宁夏80%以上的物流企业，特别是"2A"以上物流企业普遍反映既缺少中高层次的管理人才，更缺少大量的技术和业务骨干，难以满足企业发展需求，不利于物流企业的转型升级。从2010~2014年数据看（见表7-1），宁夏货物周转量近几年来一直呈下降趋势，旅客周转量虽然有所上升，但上升的幅度不大，总体表现出物流需求不足的态势。宁夏物流企业需要拓宽思路，加大人才引进力度，加强企业间的沟通与合作，

表 7-1 相关数据

年份	货物周转量（万吨千米）	同比增长（%）	旅客周转量（万人千米）	同比增长（%）
2010	8458987	—	1163818	—
2011	9619559	13.7	1339417	15.1
2012	11019865	14.6	1441031	7.6
2013	9130255	−17.1	1292930	−10.3
2014	8773263	−3.9	1468420	13.6
2015	8727195	−0.5	1538377	4.8

提升行业竞争力。

四、社会物流成本偏高，物流融资环境严峻

截至 2015 年底，银川市物流总费用成本高于全国同期 16% 的平均水平，其中运输费用占物流总费用比重高达 66.76%，远高于全国 53.7% 的平均水平。由于银行贷款收紧，相应的产业基金总量较小，券商、信托、PE 等众多投资者因投资回收期较长、风险较大不愿投资物流产业，导致物流企业在运营中融资更加困难。运输结构不合理，铁路运能不足，公路运输成本偏高，运输组织效率较低，造成全社会物流运输成本居高不下。部分物流园区建设相对滞后，除了土地审批进度以外，资金问题尤为突出。

五、物流政策指导体系有待更新，项目监管制度需要完善

伴随着经济下行压力的持续加大，银川市物流产业处于转型升级的"阵痛期"，急需出台适应新形势发展的政策指导体系。由于物流产业的复合型特点，加之行业办会信息采集手段有限，缺乏对物流行业的实时业态监测，需要政府指导、协会参与、相关企业配合，建立物流市场准入标准及等级评估认定制度，促进物流企业健康发展，优化升级。

目前，银川综合保税区与银川河东国际机场航空保税物流联动效益尚未形成。

（1）银川综合保税区围网外拓展空间无法对围网内产业发展起到带动作用，未能形成围网内外互为支撑的联动发展格局。

（2）银川综合保税区国际航空物流保税优势未有效发挥。银

川航空运输产业未形成规模效益，货运包机运力不足，尚未形成定点航班运输规模，综保区空港保税物流功能未发挥。

（3）货物通关监管协调有待加强。机场海关与综保区海关货物监管流程不优化，货物转关便利化程度不高，转关货物检疫烦琐，货物滞留现象时有发生。

（4）适合航空物流运输的高精尖及航空附加值高的产业项目储备不足，缺乏龙头带动效应。

（5）周边省区（市）保税区建设对银川综合保税区形成竞争压力。兰州综合保税区、乌鲁木齐综合保税区、陕西自由贸易试验区等园区建设速度加快，竞争优势明显，弱化了银川综保区先期在西北地区独有的海关特殊监管区的优势。

第五节 物联网环境下银川物流业发展的建议

一、优化产业配置方式，营造良好的物流产业发展环境

以交通基础设施建设为切入点，通过合理规划与设计，完善机场、轨道交通、公路等设施配套服务功能，构建实施全覆盖、无缝衔接的交通运输体系。

首先，加快银西、中兰、包银等高铁建设，推进既有铁路、公路扩能改造，构建集多种运输方式于一体的现代交通运输网络。

其次，按照市场化发展要求，制定支持银川建设西北地区航空物流中心的扶持政策，依靠市场调节作用，增强银川市航空物流产业的核心竞争力，为航空产业持续健康发展注入动力和活力。

最后，推进银川河东国际机场建设，使其成为丝绸之路经济带上重要的区域性枢纽机场和货运集散中心，使河东机场具备较好的国内与国际中转与集聚功能，能够服务整个宁夏回族自治区以及内蒙古、青海、甘肃等周边省份，发展成为西北地区重要的综合交通枢纽。

二、加强对综合物流园区和专业物流中心的管理，推进城市配送体系和商贸物流体系建设

优化现代物流网络体系设计，对接陆路、空中、网上丝绸之路，构建以银川城市物流为核心，固原、中卫两大物流枢纽为支撑，县域物流节点为补充的现代物流网络格局。构建物流信息交互平台，促进物流相关信息开放共享。通过物流电子政务信息系统、物流公共信息查询系统和物流电子商务信息系统的建设，提升物流信息专业化、标准化和智能化水平，实现信息资源共享、物流在线跟踪和过程控制。加大对多式联运、冷链运输等运输方式的扶持，促进多种运输方式顺畅衔接和高效中转，实现协同发展。

三、鼓励国内外快递物流企业设立分拨中心，推动物流企业跨区域、跨行业联合协作

首先，通过借鉴欧美国家物流企业发展的成功经验，引入

德国敦豪国际航空快件有限公司（DHL），美国联邦快递有限公司（FedEx）、联合包裹速递服务公司（UPS），荷兰天地快递公司（TNT）等国际知名的物流企业，促进宁夏国际物流业发展。

其次，通过国内知名企业如顺丰速运、京东等在银川市设立分拨中心，培育或引进第三方、第四方物流企业和物流平台集成运营商，提升物流企业跨区域、跨行业联合协作能力。

最后建议向国家申请国际邮件分拨中心政策。宁夏邮政局没有设置海关办事处、国际快递包裹分拣中心和监管中心，不能为跨境包裹和货物提供一站式清关服务。由银川发往国外的快递包裹和货物，需通过设在北京、上海、广州等地的海关驻邮局办事处、快件监管场所或快件分拣中心进行通关后，再发往国外，不仅增加了快递包裹物流成本，也不利于银川航空物流中心建设。

四、加快银川综合保税区航空保税物流中心建设，加强适合航空物流产业发展的项目招商引资工作

发挥银川综合保税区具备保税物流的功能优势，紧邻银川河东机场地理位置优势，外向型企业集聚地的开放优势，加强适合航空物流产业发展的项目招商引资力度，将综合保税区作为发展国际航空物流的主要平台，依托适合航空运输的高附加值制造业和生产性服务业，大力发展公铁航空多式联运，加速银川国际航空物流中心建设，促进综保区对外开放平台政策效应实现最大化，提升银川河东国际机场和银川综合保税区在银川"空中丝绸之路"建设中的主阵地作用。

加强银川综合保税区和空港物流园联动发展。综合保税区

具有进出口加工、国际贸易、保税仓储商品展示等功能，享有"免证、免税、保税"政策，实行"境内关外"运作方式。建议以现有的物流基础和业务优势，加强综合保税区和空港物流园与开发区陆港口岸的业务联系，实现保税区、空港物流园、开发区陆路口岸三者之间的功能联动、信息联动和营运联动。

完善综保区铁路连接线，统筹规划银川综保区空港物流与灵武陆港、银川铁路南站、公铁物流园、各物流园区的衔接和融合，构建空港、铁路、陆港为一体的多式联运物流体系。

五、建议大力发展宁夏航空产业

一是建议成立宁夏航空公司、宁夏航空投资公司、宁夏旅游航空公司，拓展航空客货运上下游市场，促进宁夏航空产业发展，将宁夏建设成中国与中东阿拉伯国家、西亚、中亚等国家联通国内其他城市的重要空中枢纽城市，促进关联性航空产业发展，吸引对航空物流依存度高的产业到宁夏投资置业，带动客流、物流、资金流、信息流、人才流集聚发展，拉动地方经济增长。

二是积极拓展与国际国内大型航空公司的深度合作。鼓励国内大型客货运航空公司在宁夏设立分公司、运营基地或基地航空公司；吸引阿联酋航空、卡塔尔航空、土耳其航空、阿提哈德航空采取"双枢纽"模式在银川河东机场建设中国枢纽基地，合资设立基地航空公司、机场服务公司、合资旅行社。

六、建议完善银川河东机场国际、国内航线网络布局

（一）发展完善国际航线网络

一是在阿联酋航空公司开通迪拜—银川—郑州航线的基础上，进一步开通迪拜至国内城市且经银川河东机场中转的国际航线，构建银川经停迪拜、阿布扎比、多哈，面向中东、非洲和欧洲的国际航线；经停韩国仁川面向东北亚、美洲的国际航线；经停香港面向东南亚、大洋洲的国际航线，吸引中西部地区的货物和商旅客通过银川，经停迪拜，去往中东、欧洲和非洲。

二是完善国内航线网络。积极促进西北地区经银川前往东北、华北地区，西南地区经银川前往华北、东北地区，中南地区经银川前往西北地区，华东地区经银川前往西北地区的国内航线网络，快速在银川形成客货中转"价格洼地"，促进银川航空物流中转分拨中心发展。

（二）建议同步发展通航产业，完善宁夏航空物流产业配套环境

依托月牙湖、灵武、宁东通用机场的建设，将充分发挥民航在转变经济发展方式、调整产业结构、促进经济增长中的重要作用，形成覆盖银川周边500千米以内区域城市、辐射全国省会城市和主要城市的航线网络，实现与地面交通方式的无缝对接，为发展航空物流经济提供配套产业支撑。

七、建议培育第三方物流企业，促进物流新技术应用

一是鼓励物流行业龙头企业采取改制、资产重组、战略合作、兼并和资产托管等形式，逐步剥离非核心物流业务，实施

流程改造，降低物流成本，提高供应链整体市场竞争力，推动行业物流整体发展。

二是培育社会化、专业化、网络化、信息化的大型第三方物流企业，不断提高企业一体化、专业化、综合性物流服务能力。

三是积极引导企业加大对现代物流装备、信息技术的投入和推广应用，鼓励企业引进物联网、云计算、卫星定位、车载视频、托盘共用系统等，创新物流企业商业模式。鼓励仓储业向立体化、自动化和智能化方向转型。

四是建立物流公共信息平台。加快物流公共信息平台建设，建立以交通货运信息、物流供需信息、网上物流在线跟踪、物流政策法规、物流投资项目查询为主要内容的物流公共信息查询系统。

第八章
宁夏现代服务业发展的经验借鉴

第一节　瑞典中小企业电子商务发展的
经验借鉴

　　瑞典地处北欧中心，是一个国土面积 45 万平方千米，人口只有 900 万人的国家。瑞典竞争力排名仅次于芬兰和美国，位居世界第三。瑞典是信息及通信产业高度发达的国家，从事电信产业的企业约 1.7 万家，其中 94% 为 IT 服务业，6% 为电子工业，从业人员 25 万人。作为 IT 应用的一个重要方面，电子商务在瑞典得到了比较广泛的发展。瑞典 Internet 普及率达 75%，平均每 4 名瑞典人中就有一人有过网络购物的经验；B2C 电子商务交易额每年以 35% 的速度递增，1/3 的银行客户使用网上银行业务，每周有成千上万的新客户转向网上银行。在 B2B 方面，87% 的大型企业和 47% 的中小企业开展企业对企业的电子交易。

　　瑞典经济之所以一直保持上升态势，中小企业的支撑是很大的因素。瑞典中小企业划分采用定量界定标准,即雇员数少于 250 人的企业为中小企业。中小企业不仅为瑞典经济发展注入了活力,而且在增加就业、增强技术创新等方面占有重要地位和作用。大家熟知的瑞典知名企业,如爱立信、ABB、宜家、沃尔沃、伊莱克斯等,都是从小企业逐步发展壮大起来的。

一、瑞典中小企业发展的特点

(一) 数量多,比重大,分布面广

瑞典全国共有中小企业 516584 家,占瑞典企业总数的 99%,吸纳就业数占企业总雇员的 60% 以上,销售额占全社会销售总额 57%。从 20 世纪 90 年代中期以来,瑞典政府就一直重视中小企业的发展,把加强创新和促进中小企业发展放在重要的战略位置,刺激中小企业,特别是服务型、知识密集型中小企业的快速发展。1990 年,知识密集型企业占中小企业总数的 23%,2002 年则达到 42%。中小企业的经营范围很广,几乎涉及所有的竞争性行业和领域,广泛地分布于第一、第二和第三产业的各个行业,尤其集中于第三产业,如贸易业、餐饮、教育培训、银行和其他服务业等,服务型企业占中小企业比重约为 90%。

(二) 规模小,发展快,生命力强

瑞典中小企业中,94% 的雇员数在 9 人或 9 人以下(其中 2/3 的企业没有雇员),5% 的企业雇员数在 10~49 人。相对于大企业而言,中小企业占用资金少,周转速度快,可以根据市场供求变化随时调整经营方向,及时满足市场需求,因而开业容易,便于投产和经营。瑞典中小企业年均增长 3.7%,就业年均增长

2.6%，已经成为瑞典经济增长的重要力量。瑞典有关机构对新创企业调查显示，瑞典每年平均新增企业数为 3.6 万家，其大部分新创企业生存率很高，成长性也好，55%~60%的新公司在 3~5 年后依然保持着较强的竞争力，成活企业平均年营业额为 35 万克朗。

（三）中小企业与大企业互利共存

瑞典是全球化程度最高和世界上最重要的新技术研发的国家之一，在信息技术、生命科学、汽车、清洁能源等领域具有强大的研发实力。电子商务在瑞典的发展不仅促进了新型产业的发展，也促进了瑞典传统产业的发展。以电器设备制造商 ABB 公司为例，30%的标准件实现网上采购，仅此一项可以为公司减少采购费用 20%。通过 Internet，许多传统企业实现了由大型制造业向信息技术为基础，以市场和科研为导向的转变。大型企业着力打造新经济，集中发展核心业务的同时，非核心业务的外包为瑞典中小企业发展提供了新机遇，也为其与大企业共存发展提供了条件。大企业通过与中小企业订立长期的合同，可以保证其商品以高品质、低价格和低成本供应；中小企业作为大企业的供应商、分销商和分包商，可以执行分销、供应和服务等职能，与大企业形成了“合作伙伴”和“战略性联合”的合作关系。

二、瑞典中小企业发展的主要经验

（一）产业政策调整

瑞典中小企业发展源于 20 世纪 90 年代初国为出现的经济危机。1990~1993 年，瑞典经济出现负增长，GDP 年均增长率为-0.8%，2.1 万家企业破产。为了繁荣经济，政府在 90 年代中期及时调整了产业政策。新政策重视鼓励企业创新和技术产业化，促进了知识和技术流动。产业政策的调整为瑞典制定中小企业政策提供了较大的调控空间。

（二）融资渠道多样化

瑞典多样化的投资渠道为中小企业发展提供了强大的资金支持。政府方面，通过其下属机构的种子基金，如瑞典创新中心（SIC），瑞典工业设计基金（SVID），瑞典工业发展基金，ALMI 的风险基金和 NUTEK 的创业基金等，为刚起步的公司提供从产品研发，工业设计到企业发展全方位的服务与支持。SIC 主要对有意义的创新发明予以资金支持；SVID 为企业提供有关工业设计方面的支持；ALMI 和 NUTEK 主要为小企业发展提供协助服务。接受贷款的企业可以在生产运营并实现营利后，再逐步归还贷款。对雇员人数不超过 50 人、营业额不超过 4000 万瑞典克朗、资产不超过 1500 万瑞典克朗的中小企业，政府实行对建筑和机械设备投资额的 15%的补贴。

此外，风险投资业的资金注入也对中小企业发展提供了重要支持。瑞典风险投资市场结构多元化，投资者包括商业化投资者、私营风险投资者、风险投资管理基金、政府风险投资机构、外国投资者，以及隶属于大型企业集团、为其核心业务技术提供风险投资的公司等。瑞典国外资本采取开放的态度，据瑞典风险资本协会（SVCA）统计，70%风险资本来自境外投资者。目前，瑞典已经吸引了来自美国、法国、荷兰和以色列等众多国家的风险投资公司。外国资本的注入为企业带来了新技术和新的就业机会，也为中小企业技术创新和科研转化提供了资金支持。

（三）创新能力培育

近年来，瑞典实施了"创新瑞典"战略，鼓励企业和个人加强与教育系统的互动与合作，促进了全社会创新氛围的形成，创新型中小企业的数量也明显增加。瑞典重视 R&D 的投入，2006 年科研投入占其国民生产总值的 4.3%，其中企业占 75%，高教部门占 22%。目前，瑞典在创新经济方面的表现列全球第一，是世界上人均拥有发明专利和专利申请最多的国家之一。瑞典在基础性研究，企业研发，科研转化和技术转让等方面都有其独到之处，在充分发挥科研院校的潜力和优势的同时，注重加强各大专院校、科研院所的科技交流、学术交流和人员交流；在提倡全民受教育的前提下，加强对实用性人才和创新能力的培养；瑞典科研机构、中介机构、大学和企业合作密切，为实现科学和技术流动提供了人才保证，也为科研转化和技术转让提供了沟通和合作的桥梁。

能力中心是瑞典采用的一种促进企业与科研机构结合，发挥大学、企业相互作用的重要手段。目前，瑞典全国共有 28 个能力中心，分别设立在 8 所重点大学和科技学院，主要研究领域涉及能源交通和环境、生产和生产工艺、生物和生物医学技术以及信息技术等。中心由大学（或学院），企业和 NUTEK 三方组成。每个中心都依托于一所大学的多个系和多个系统，以独立实体或系内一个专门单位的形式存在，但财务由董事会独立管理。中心董事会由政府机构、企业和大学的代表组成，董事会主席必须由企业人员担任。从资金配置上看，能力中心由政府、大学和企业共同投入，并且企业投入不低于政府投入。

能力中心计划投入 150 亿瑞典克朗，平均每年投入约 5 亿瑞典克朗，约占瑞典科研总投入的 1%。中心研究活动分阶段进行，资助也按三三制分阶段进行。如果阶段评估不合格，中心将终止资助下一阶段的科研活动。从人力资源配置上看，中心人员实行双向流动机制。对企业而言，企业人员不仅可以参与中心的研究工作，还可以在中心的科研项目中攻读学位。此外，大学中的研究人员也可以到企业去工作，借助企业先进的仪器和设备，完成科研任务。目前，瑞典全国共有 250 家企业参与了中心的合作，其中 20% 为中小型企业。能力中心是瑞典技术创新和产业化的一种全新的科技中介组织，它促进了政府、科研机构和企业的紧密结合，实现了企业技术创新，提高了科研人员实施科研项目的综合能力，强化了大学和企业的协作关系，加速了科技创新资源的优化流动。此外，瑞典为促进中小企业发展，还专门成立了工业发展中心（UC）。该中心致力于为企业发展、产品研发、R&D 等方面提供资助，并通过技能培训、业务拓展等形式为中小企业创造新的就业机会。

（四）信息化建设

瑞典政府非常支持 IT 技术的研发与应用，积极推动信息与电子商务的发展，先后颁布了许多鼓励政策。20 世纪 90 年代，政府对从业人员在家使用计算机实行税收减免政策，对国内铺设宽带等信息设施也给予减税和津贴支持，极大地推动了 PC 销售和 Internet 的广泛应用。1994 年 3 月，瑞典成立了全国 IT 委员会，该委员会由来自 IT 界的专家组成，其主要任务是促进信息技术在瑞典的传播和发展，提高人民的生活质量，增强瑞典信息技术的国际竞争力。2000 年，瑞典政府颁布了《全民信息社会》法案，确定了瑞典 IT 政策的新目标，即瑞典要成为世界上第一个所有公民都能利用信息技术的国家。该法案的实施有力地推动了瑞典电子商务和信息化的发展。在电子商务推进过程中，由于大企业资金雄厚，创新能力强，在运用电子商务促进企业发展方面积极性较强。而中小企业则相对较弱。为此，瑞典政府委托瑞典商务发展署（NUTEK）完善中小企业技术支持网络、投资网络、信息及资讯网络，改进中小企业信息技术和电子商务的应用能力。

此外，为了促进中小企业的国际合作能力，瑞典建立并完善了 TIPPS 中心网络。TIPPS 中心网络是一个全国性的非盈利组织，由分布全国各地的 17 个 TIPPS 中心组成，每个中心都建立在地方性大学，特别是新成立的地方性大学中，是由大学、咨询公司和企业，特别是中小型企业组成的一个联合体，其活动由网络统一协调和管理。该网络的目的是利用现有的实验条件和人力资源，主要是大学的资源，采用商业化运作的方式，建立一个主要针对中小企业技术转移的全国性网络，未来将建成一个国际性网络。该网络与瑞典驻外使领馆联络局（STATT）、瑞典科技园协会、瑞典国家测试研究所（SP）、国家远程教育网（NITUS）等机构和一些地方性支持中小企业技术转让的基金和技术转化中心保持密切的合作关系。通过该网络，能够及时将世界各地的新技术和知识转移给瑞典的企业和社区，为瑞典的产业界和科研界开拓了广阔的生存和发展空间。

三、对加快宁夏中小企业电子商务发展的启示

(一) 加快产业结构调整，实现融资渠道多元化

目前，世界 GDP 总量中服务业产值已超过了 60%，一些发达国家的服务业产值在国内生产总值中的比重已达到 70%；瑞典服务型企业占中小企业比重约为 90%。目前，国际服务业转移已经扩展到信息技术服务、人力资源管理、金融、保险、会计服务、物流、客户服务等多个领域。中小企业应改变以短期盈利为目的的现状，立足实际，利用资源、劳动力及政策优势，广泛吸引外资，有序承接国际现代服务业转移。此外，中小企业资金力量相对薄弱，抗风险能力低，融资渠道相对狭窄。从中小企业发展的现状看，宁夏中小企业主要还是依靠国内资金的支持，对国外资金的引入还显不足。建议建立多元化的资金投入体系，加大对中小企业，尤其是科技型中小企业的资金投入，加强对中小企业种子基金的扶持力度，鼓励新企业成立和发展。

(二) 加快引进和人才培养，提升企业创新能力

人力资源作为知识和技术的载体，是现代经济发展的基础。应当清楚地看到，电子商务环境下的资本，已经不再是传统意义上的物质资本，它更多包含了人力资本、知识资本和技术资本。政府应当通过落实和完善人才政策，建立完善人才培养和引进机制，为中小企业发展提供人才支持和智力支撑。应当充分发挥科研院校在培养人才方面的潜力和优势，强化高校科技创新能力，加强各大专院校、科研院所和企业的科技交流、学术交流和人员交流，实现产学研相结合，鼓励技术创新和科研

成果转化。瑞典的成功经验表明，企业创新能力的高低决定着国家整体创新能力的提升。产学研模式必须以企业为中心，加强企业科研队伍建设，强化技术引进的消化吸收和再创新。建议政府在增加科研投入的基础上，制定相关的优惠政策，鼓励自主创新，促进自主研发技术和产品所占比重的逐步提升。

（三）推进信息技术应用，加快实现商务数字化

目前，宁夏大多数中小型企业还把竞争焦点定位于实体市场，没有充分认识到知识经济时代抢占信息的必要性和紧迫性。许多企业与用户交易之前或交易过程中甚至交易后，都不会详细收集客户信息。有些企业依然采用传统方法记录客户信息，致使客户信息不能及时存储、保留和更新，造成极大的资源浪费。无论是在生产制造还是在商务流通领域，电子商务正在推动着中小企业的发展。提高电子信息技术和互联网技术在商业经营管理上的应用，大力推进商贸流通网络化管理，促进商品营销和流通现代化，已经成为现代企业发展的必然。瑞典政府为中小企业提供网络支持，完善中小企业服务网络等措施，都为宁夏中小企业发展提供了很好的借鉴经验。建议加快发展金融业，完善现代金融体系，优化农村金融体系，完善信用体系。充分利用现代信息技术手段，促进金融产品和服务创新；建立基于企业、个人信用征信系统的信用咨询服务平台，实现企业和个人信誉的跟踪记录和监控，规范个人和企业的商业行为，最终实现全社会信用信息共享；积极发展网络金融业务，明确网络银行的发展模式，推进网络银行业务。同时，还要制定有关规范电子货币和网上金融服务发展的法律法规，加强对网络银行监管。加快发展现代物流业，建设现代化物流服务。合理规划和建设物流枢纽，发展区域性物流中心，完善物流配送体系，形成航空口岸、陆路口岸和电子口岸的联检联运机制；加快培育专业化物流企业，积极发展第三方物流企业，发展运输中介服务。

第二节　印度服务外包发展的经验借鉴

一、服务外包的概念及其分类

"外包"一词由英文"Outsourcing"翻译而来，美国外包问题专家 Michael Corbett 认为"外包指大企业或其他机构过去自我从事（或预期自我从事的）工作转移给外部供应商"。在《外包革命》一书中，外包被定义为某厂商雇佣外部机构来从事这一组织不能做或选择不做的工作。根据外包对象不同，通常将外包分为制造外包和服务外包。制造外包通常指生产制造活动的外包。在企业网的所有外包活动当中，除了制造外包之外，都可以成为服务外包。服务外包指"通常依据双方议定的标准、成本和条件的合约，把原先由内部人员提供的服务转移给外部组织承担"。毛爱亮（2006）曾指出，服务外包是指企业将其非核心的业务外包出去，利用外部最优秀的专业化团队来承接其业务，从而使其专注核心业务，达到降低成本、提高效率、增强企业核心竞争力和对环境应变能力的一种管理模式。

综上所述，服务外包是指服务外包提供商向客户提供特定服务业务的全面解决方案，以帮助客户减少或消除在该业务方面的费用和管理成本，从而使客户将全部精力集中于核心能力的一种服务提供方式。随着互联网的发展，服务外包已经打破了传统空间和物理的局限，已经发展成为一种新型的服务贸易形式，其主要做法是将国外客户某一部分的业务内容通过互联网转移到其他国家进行处理，以降低成本，获取更高的利润。

　　服务外包按照业务领域分类，可以分为信息技术外包（Information Technology Outsouring，ITO），业务流程外包（Business Process Outsourcing，BPO）和知识处理外包（Knowledge Process Outsourcing，KPO）。所谓信息技术外包（ITO）是指服务外包发包商以合同的方式委托信息技术服务外包提供商向企业提供部分或全部的信息技术服务功能。目前看来 ITO 的主要业务范围包括：系统操作服务（Operation Service），系统应用管理服务（Application Management），技术支持管理服务（Help Desk Management）；业务流程外包（BPO）指服务外包发包商将一个或多个原本企业内部的职能外包给外部服务提供商，由后者拥有、运作、管理这些指定的职能。BPO 是一种极具创新意义的业务战略，它可以涉及公司多个业务部门的外包（尤其是与客户相关的部门、人力资源部门、财务会计部门、物流部门和后勤服务部门）。它可以帮助公司降低成本，提高顾客满意度。BPO 目前主要包括四类业务，分别是需求管理、企业内部管理、业务运作服务、供应链管理（见表 8-1）；知识处理外包（KPO）是一个帮助客户研究解决方案的方式，主要通过多种途径来获取信息，经过即时、综合的分析、判断和研究解释，并提出建议，将报告呈现给客户，作为决策的依据。它包括评估研究、投资研究和技术研究、专利申请、网上教育等。也可以说，KPO 是 BPO 中一种更为高端的服务模式。目前许多大型企业开展的研发（R&D）可以看作是 KPO 中的重要内容之一。

表 8-1　BPO 业务范围

需求管理	企业内部管理	业务运作服务	供应链管理
管理企业与客户之间关系 ● 客户选择 ● 客户开发 ● 客户关系维护 ● 客户关系延伸	管理企业内部支持性功能 ● 人力资源 ● 金融与财务 ● 后勤行政 ● 支付流程	管理企业生产与销售运作 ● 制造 ● 零售、批发、运输 ● 客户服务	管理企业与供应商之间关系 ● 采购 ● 运输 ● 仓库/库存管理 ● 服务

按地域分类，服务外包可分为境内外包（Onshore Outsourcing）和离岸外包（Offshore Outsourcing）。境内外包又称在岸外包，是指发包商与其服务提供商来自同一个国家，外包工作在国内完成。离岸外包则指发包商与其服务提供商来自不同国家，外包工作跨地域完成。由于成本的差异，发包商通常来自资源成本较高的国家，如美国、西欧和日本，接包方则来自资源成本较低的国家，如中国、印度和菲律宾等。在离岸外包中，逐渐兴起一种新的趋势，即近海外包（Nearshore Outsourcing）。近海外包是离岸外包的一种具体形式，又称为近岸外包，指企业选择临近本国的国外资源来完成外包服务。如英国，外包企业偏好中东欧国家和摩洛哥等地，而非传统的外包地印度。

二、印度服务外包业的发展

目前，全球外包市场主要集中在北美、西欧、日本、亚太和拉美地区。其中，美国服务外包市场较为成熟，亚太地区保持强劲的增长，成为全球服务外包业务增长最快的地区之一。

从发包市场看，主要集中在北美、西欧和日本三大重点区域，其中美国约占 2/3，欧洲和日本约占 1/3，其他国家的比例极其微小。从接包市场来看，亚洲是承接外包业务最多的地区，约占全球的 45%。印度是亚洲的外包中心，东欧是欧洲的外包中心，墨西哥是北美的外包中心。近几年，中国、俄罗斯正成为接包较多的国家。据有关资料显示，目前，印度占有全球软件外包市场总额的 65% 以及全球服务外包市场总额的 46%。财富500 强企业中有 1/5 在印度设立了研发中心，有 220 家从印度获得软件支持。印度是世界上研制出超级计算机的三个国家之一。1/3 的美国软件工程师来自印度，硅谷有 25 万印度人。

（一）政策支持服务外包业

印度政府对支持国内服务外包的发展发挥了积极的作用，采取了最大程度上的"授权而非干预"的政策。印度政府的支持性政策主要体现在以下方面。

1. 制定战略规划，引导软件服务业发展

印度软件业于 20 世纪 60 年代开始起步，被尊称为"印度软件之父"的柯里为闭塞的印度引进了信息科技。20 世纪 80 年代中期，印度政府就制定了重点发展软件产业的长期战略，随后又制定了重点开发计算机软件的长远策略。1983 年，甘地政府颁布了《技术政策申明》，强调印度要在发挥自己比较优势的基础上，加强对新兴科技领域进行重点研究和开发；1986 年，印度政府出台了第一个软件发展政策《计算机软件出口、开发和培训政策》，加快了印度软件业的发展；1991 年 6 月，印度南部建立了全国第一个计算机软件园区，成功实施了以"电信港"计划为基础的软件技术园区计划。

进入 20 世纪 90 年代，国际 IT 产业结构进行了战略调整，由以硬件为主导向以软件为主导过渡，软件对 IT 业整体发展的重要性日益显著，为印度的软件业的发展提供了重要的契机。伴随着信息技术全球化发展和因特网的出现，为节约成本，跨国公司纷纷将核心业务剥离，通过外包方式交给专业的公司完成。20 世纪末，印度抓住"千年虫"问题，美国经济持续增长和欧元诞生三大历史机遇，在 TATA 和 WIPRO 等一批成功企业的带领下，实现了软件业持续快速的增长。尤其是在处理"千年虫"问题上，印度公司显示了其效率高、低成本的优势，从而进一步促进了服务外包的发展。据有关资料显示，仅消除"千年虫"一项，印度就获得了 25 亿美元的收益。这初步奠定了印度在国际软件市场的地位。进入 21 世纪，印度软件业得到更为迅速的发展，据世界银行对软件出口国家能力的评估报告，印度软件出口的规模、质量和成本等综合指数名列世界第一。在全球按客户要求设计的计算机软件开发市场上，印度占 18.5% 的份额，成为仅次于美国的第二大软件生产国，远超过欧洲和日本。

2. 出台金融政策，推进软件服务业发展

印度主要的政策性金融机构如印度的产业开发银行等，设立信息技术产业风险投资基金，对软件开发等信息技术企业提供信贷支持。政府为印度本土企业进入国内外证券市场融资创造宽松环境，允许信息技术企业上市集资。大力吸引外资参股印度服务外包企业，在很多产业仍需保护的情况下，允许外资 100% 投资控股软件技术园区的企业。此外，政府还对印度软件公司在国际市场上融资收购国外企业软件企业提供便利，放宽限制。

服务外包的发展涉及宽领域、多部门，需要完善的配套措施进行产业支持。从外包企业的工商登记政策、人才政策到税收政策等，需要有一整套的优惠政策对服务外包进行扶持。早在 1987 年，印度政府就实施了"软件技术园区"计划，并针对这个计划提供了一系列的优惠政策条件。1991 年 6 月，印度在班加罗尔创建了全国首个计算机软件技术园区，其后又在马德拉斯、海得拉巴、孟买、加尔各答等地建立了 18 个具有国际先进水平的软件技术园区，并对园区的企业实行各种优惠政策，如符合条件的软件企业 2010 年前免征所得税，研发所必须进口的软件实施零关税优惠，为开发软件而进口的硬件设备实施关税减让，对软件和服务公司的银行贷款实施"优先权"等。

（二）　良好的人才基础

20 世纪 80 年代中期，印度政府提出"要用教育和电子革命把印度带入 21 世纪"口号以后，在印度逐渐形成了"全民学软件"的风尚，培养了一大批专业素质高、工资诉求低的蓝领软件工程师。以印度著名的软件人员培训机构 APT ECH 的 ACCP 软件课程培训计划为例，培养一名"软件蓝领"要经过三级严格培训：首先用 160 个学时学习初级程序，再用 184 个学时学习程序设计，最后用 330 个学时学习系统分析。以 APT ECH 的培养模式为代表，目前印度已经形成了印度理工学院居于顶端、各大学居中、国家信息技术学院居于底层的金字塔式的人才培养体系，这一完整的体系每年为印度培养软件设计人员约 1.78 万人。印度目前有 400 多万技术工人，仅次于美国和俄罗斯。印度的软件人才有 30 多万，并有 300 多万人员服务于计算机软件公司。印度政府重视软件教育，培养了大量印度本土的电子信息人才。此外印度还十分重视软件研发的标准化建设。印度软件企业的质量管理及认证除了采用国际通用的 ISO 质量认证体系外，还采用目前世界软件业公认的权威性认证体系——美国梅隆·卡耐基大学软件工程设计院研发的软件能力成熟度模型 CMM 等级认证体系。目前印度已有上百家软件企业获得了该体系最高的 CMM5 级认证证书。CMM 认证体系目前已成为行业公认的选择外包合作者的"指标体系"，通过 CMM 体系等标准化建设促进了印度软件开发的国际化，使印度的软件服务外包竞争力得以大幅度提高。系统、规范的教育为印度软件外包的发展储备了丰富的、标准化的软件开发人才。

（三）有利于软件发展的法律环境

印度政府为保护软件业和电子商务的发展，对这些行业的知识产权保护，制定了一系列的保护政策。尤其互联网兴起之后，为推动电子商务的发展，印度政府于 2000 年颁布《信息技术法》，确定了认可电子合同、电子文书、数字签字的法律依据，为电子商务的发展提供了法律保障，更进一步促进了软件业的发展，使外国软件公司敢于在印度投资。此外，为了保证软件公司的规范运作，印度国家软件和服务公司协会还规定，凡拥有 10 名员工以上的软件公司必须达到 ISO9001 标准认证。

目前，印度全国已经建成 18 个计算机软件园区，注册公司超过 7500 家，形成全国性的技术网络。印度服务外包市场经过多年的发展，已经建立了良好的行业形象，而且印度支持服务外包业发展的法律，如知识产权法、信息安全保障法体系以及合同法、贸易法等的立法也较为完善。这为其承接国际服务外包业务创造了良好的市场环境。印度的四大软件出口企业，即塔塔咨询服务公司、信息系统科技公司、萨蒂扬计算机服务有限公司以及威普罗科技公司都已经成为世界著名的 ITO 和 BPO 企业。

（四）行业协会的纽带作用

在印度服务外包业的发展过程中，行业协会起到非常重要的作用。作为政府与企业、企业与企业之间沟通的桥梁和纽带，印度的软件行业组织有国家软件与服务公司协会（MASSCOM）和信息技术产品制造协会（MAIT）。这些组织与政府之间的沟通非常密切，他们帮企业获取市场信息、沟通相关联系、组织宣传和展览，作用重大。其中 MASSCOM 是在印度非常有影响力的软件行业协会。这个机构曾经促成了印度和欧洲一批企业的战略联盟，从而扩大了印度对欧洲国家的软件出口。

第三节 宁夏服务外包业发展的条件与路径

一、综合环境优势

服务外包发包方在选择接包方时，会考虑接包方所在地的社会安全、基础设施的完善、政府的政策支持以及市场的规范程度等因素。宁夏政治环境稳定，经济持续发展，国际化程度正在进一步提高；法制建设也正在进一步推进；信息化水平已经达到一定的高度。宁夏基础设施建设相对稳定，道路交通发达便捷，高速公路网络及连接机场、车站、码头的交通网络安全快速；通信设施相当发达，网络宽带和卫星电视比较普及；能源供应充裕稳定，大型商用设施中一般均备有备用电源；高档宾馆、写字楼供应充分，设备设施配套齐全。这些因素构成了宁夏企业大规模承接服务外包的客观条件。

二、政府政策的支持

近年来，各级政府逐渐认识到服务外包产业的发展对地方经济发展的重要性。党的十七大报告提出，发展现代服务业，提高服务业比重和水平，承接国际服务外包对于转变经济发展方式和优化经济结构具有重要作用。为此，商务部专门成立了服务贸易司，用以促进服务外包产业发展。同时，国家信息产业部、税务总局的机关颁布各项政策，给予从事服务外包产业的企业各方面的优惠。商务部2006年为促进我国服务外包产业发展提出"千百十工程"，成都、西安、上海、深圳、大连、北京、天津、杭州、南京、武汉、济南这十一个城市已成为"中国服务外包基地城市"。这些城市在促进我国服务外包产业的发展中起到至关重要的领头兵的作用。

宁夏地方政府综合运用贸易、出口信贷、对外投资合作等多种措施，支持服务外包企业"走出去"，引进先进技术、经营方式和管理经验，开展高附加值项目合作，实现转型升级。引导服务外包企业通过兼并重组，优化资金、技术、人才等资源要素配置，实现优势互补。支持各类所有制企业从事和发展服务外包业务，推动服务外包企业专业化、规模化、品牌化发展。支持服务外包企业参加各类展会，建立境内外接包网络。实施服务外包企业"小巨人"工程，支持建设专精特新的中小型服务外包企业，拓展面向"一带一路"沿线国家的特色服务外包市场。

三、宁夏服务外包业发展的机遇

目前，我国已经逐渐形成一批初步具备承接国际服务外包业务能力、在某些特定市场上具有较强国际竞争力的本土企业，如东软、浙大网新、软通动力、华信、海辉、中软等。我国制造业优秀企业如华为、联想等，或已涉足服务外包领域，或已建构全球范围布局的研发能力，具有大力发展承接国际服务外包的潜力。另外，跨国公司在我国建立了一批主营或兼营服务外包的企业以及研发中心，为扩大承接国际服务外包业务提供了有利的条件。西方公司在中国已经建立了130多个研发机构。印度软件服务外包巨头也到中国设立了分支机构。韩国国民银行将其客户服务中心迁至中国大连，埃森哲等服务外包跨国企业在大连开设软件研发部。许多跨国公司还将亚太地区总部从日本东京、中国香港等城市移往北京、上海、天津等城市。全球500强企业已经有293家在北京设立了代表处或研发中心，北京成为集中跨国公司研发中心最多的城市。服务外包业向我国加速转移的背景下，为宁夏服务外包业的快速发展提供了前所未有的机遇。

近年来，宁夏为促进外包业发展，对信息服务业投入较高。宁夏政府推进云基地数据中心、"云惠宁夏"云应用、银川滨河新区智慧产业园、银川滨河新区大数据二期、宁夏大数据综合试验区等项目建设。依托银川 iBi 育成中心、TMT 育成中心、石嘴山电商孵化培训基地、吴忠科技孵化园、宁夏中关村科技产业园西部云基地、固原广元信息产业园等，宁夏信息服务集聚区和新兴服务业产业集群逐渐形成。此外，地方政府加大对国内知名企业的引进工作，与北京市共建共享服务全国的枢纽型云计算及大数据产业基地，推进奇虎360、中兴通讯等新一代云计算数据中心的应用，鼓励与大数据、云计算企业开展技术合作。

第四节　宁夏承接服务外包的策略

现代服务业是依托电子信息技术和现代管理理念而发展起来的知识密集型的服务业，具有高科技知识与技术密集的特点。现代服务业发展的一大趋势就是服务外包。发展我国特色的服务外包产业对现代服务业的发展有极其重要的作用。我们可以从以下几方面入手。

一、加强政府的引导和支持

在印度服务外包产业的发展过程中，政府起到了至关重要的作用。在面临国际服务业转移的机遇和服务外包产业带来的巨大收益，宁夏政府要积极采取措施促进服务外包承接业务的发展，为承接服务外包创造良好的软件环境。

一是政府应借鉴印度的成功经验，研究制定促进服务外包出口的鼓励政策和措施。例如，可在财政税收、出口信贷和信用保险等方面给予服务承接商以适当的优惠。在这方面，这两年来我国政府已经采取了一些具体的措施，并取得了一定的成绩。

二是要建立完善的信息流通渠道，以便提供及时、准确、丰富的商业信息。加强宁夏服务外包产业的国际竞争力。一方面，要将外面的信息引进来，及时为企业提供发包方的有效信息；另一方面，要把国内的信息推出去，利用国内外外包服务商推介会等形式，加强服务厂商与政府主管机关、行业用户、投资机构之间的交流和沟通，提高宁夏外包服务产业的集体形象，扩大企业的品牌知名度，开拓国际市场。

二、提高企业自身的规模和质量

宁夏的服务外包企业规模普遍较小，整体专业水平能力较低。在这种情况下，宁夏具有一定实力的供应商可以有选择地进行强强联合，如通过收购、兼并等方式整合彼此的资源，形成优势互补；在政府的支持下，发展壮大一些核心骨干企业，开拓国际市场，提高竞争力。此外，企业在完善自身管理机制的同时，要加快与国际接轨的步伐，整合资源，提高企业整体水平，通过权威国际认证，提升企业参与国际服务外包的产业层次。

引导和鼓励高等院校、科研院所和企业与"一带一路"沿线国家相关机构合作，建立联合研究中心、联合实验室、科技合作园区等科技创新平台，鼓励承接技术转移和装备输出、展览展示、培训翻译等服务外包业务。支持引进电信运营商和云计算龙头企业扩大服务外包规模和应用领域。发挥银川 iBi 育成中心引领作用，重点发展软件开发与测试、运行维护、信息系统应用等服务外包，推进对接平台和载体建设。大力发展 3D 模型制作、国际动漫加工、原创动漫开发、漫画数字化应用、影视特效制作、手机娱乐、数字出版、媒体后台数据库等新兴服务外包业务。

三、大力发展行业协会

印度的行业协会对印度软件外包行业的发展做出了巨大的贡献。由于宁夏从事服务外包产业的企业大多规模小，且资金、管理水平不高，技术创新能力也较薄弱，在国际服务外包市场上没有固定的客户群，订单来源非常分散，使企业在根据客户不同需求提供个性化服务时难度加大。再加上企业彼此间缺少交流和合作，使得本来就很有限的技术、人才资源更加分散。要摆脱这种势单力薄的状况，应加快企业资源的整合速度，培养行业领头企业。通过行约行规，协调行业内部成员之间的关系，减少和避免国内企业不计成本、恶性竞争的局面。在行业协会组织建构上，可以吸取印度几家大的行业协会的组织建构，可以以公司的方式经营行业协会，为协会内的企业提供信息，整合资源，提高整个产业的效率。

四、改善服务外包人才的培养模式

目前，宁夏人力资源面临结构不合理以及复合型人才的缺乏等问题。政府应加大相关的职业技术教育，重视双语人才、软件出口等人才的培养。鼓励和扶持外包企业内部的员工培训工作，并将其管理与一般的教育培训管理进行区分。在可能的情况下，建议政府在服务外包企业员工培训方面给予适当的财政资助。完善服务外包发展支撑体系，大力支持服务外包公共服务平台建设，优先建设技术服务、人才培训、业务研发、信息交流、知识产权保护等平台。引导服务外包园区、高校与大型服务外包企业联合建办实训基地、培训中心，培养服务外包产业急需的技能型和业务型人才。积极推进人力资源服务基地、各类海外高层次人才创业创新基地、留学人员创业园等平台建设，多渠道引进国内外高层次、复合型现代服务业人才。

五、强化知识产权保护，提高企业诚信度

吸引高新技术的服务外包企业和投资，创造一个保护和奖励创新的环境尤为重要。服务外包牵涉到发包企业单位内部的一些机密，对提供商所在国家的信息安全保障法规要求很高。建议地方政府通过行政和司法培训，使自身成为保护知识产权方面全国领先的城市。国家也要加强知识产权和信息保护方面的立法。

第九章
宁夏现代服务业发展的路径选择

现代服务业作为中间要素的投入不仅创造价值，还直接融于和谐社会构建的全过程，与工业、农业一样，对经济发展具有重要作用。要从统筹经济社会发展的高度看待现代服务业的发展，对现代服务业实施优惠的产业政策。作为国民经济的"软性投入"，加快发展刻不容缓。产业结构的优化与升级要通过产业结构的调整使经济各部门之间和各部门内部建立起最佳及最优的比例关系。宁夏现代服务业的总量小、规模小和内部结构不合理的问题比较突出，在产业结构的优化和升级中必须通过产业结构的调整克服这些问题，实现宁夏现代服务业快速合理地发展。

从上述分析中可以看出现代服务业已成为推动宁夏经济快速增长的重要动力。但与相近水平的其他民族地区相比，不管从规模指数、相对指数还是潜力指数上看，宁夏现代服务业发展均较为落后。

一、加强现代服务业基础设施的投资建设，扩大对外开放程度

通信服务和信息服务为现代服务业提供了一个开发平台和运行平台，使现代服务业能够整合各种资源，提升现代服务业的层次和素质，带动其他相关服务业领域和其他产业的发展。一方面，信息技术是整个服务部门的纽带和核心；另一方面，信息技术是制造业和基础产业部门技术更新的手段。加强有关现代服务业的基础设施建设，大力发展现代信息技术服务业，坚持以信息化带动现代服务业，以现代服务业促进信息社会的发展。加强物流基础设施建设，完善现代化的物流体系。宁夏发展现代服务业应借鉴国内外部分城市现代服务业的发展经验，鼓励有条件的企业实施"走出去"战略，积极开展与其他省市的优势企业进行交流合作，提高企业的竞争力。探索建立广泛的合资、合作关系，借助外力推进宁夏现代服务业的发展。现代服务业投资是发展现代服务业的基础和前提条件，加大现代服务业投入是加快现代服务业发展的必由之路。根据目前宁夏现代服务业投资规模小、大项目少的具体情况，宁夏在今后既要保持适度投资规模，又要把工作重点放在调整优化投资结构上，让产能过剩、污染较大和两高行业的投资增速降下来，让需要加快发展的现代服务业投资增速升上去，促使投资向现代服务业倾斜，现代服务业投资大项目优先安排，靠大投入、大项目和大企业的拉动作用，尽快扭转现代服务业投资增速过慢、比重不断下降的趋势，争取在近两年内，现代服务业投资比重达到30%以上。

二、充分整合宁夏优势资源，大力发展创新行业

充分利用宁夏现有的自然资源、交通、区位优势，着重抓好现代物流、房地产业、现代旅游业、科技教育与中介服务等重点行业。以现有资源优势和工业基础为依托，集中资金、人才、技术，扶持优势产业、优势企业、优势产品，培育新的经济增长点。在发展和提高电力、煤炭等基础工业的同时，加快金融证券市场的发展；大力发展房地产业；培育劳动力和技术市场，发展信息咨询等新兴产业。21世纪是以网络技术为核心的信息时代，数字化、网络化、信息化是这个时代的基本特征。作为发展潜力巨大的两个新兴产业和朝阳产业——互联网和旅游业两者结合的旅游电子商务正日益焕发出蓬勃的生机与活力。运用网络技术和开展电子商务，不仅是旅游信息传输、营销技术的突破，旅游企业的组织机构、组织管理、人才素质、文化理念都将发生深刻变化，并将增强旅游企业的创新能力和竞争力。宁夏应借助于其独特的丰富的旅游资源，结合当前现代服务业发展特点，介入电子商务等新兴技术，自立于打造宁夏旅游业的独特竞争优势。同时，宁夏地区可以引入第三方物流，加快建立西部电子商务下的物流体系，大力发展第三方物流，使宁夏地区企业在现代化的进程中减少沉重的物流成本负担，这是提高竞争能力的重要途径。

科学地推进城市化建设与现代服务业发展并举，提高人民收入水平。

城市是服务业发展的载体，城市化进程的加快，城市基础设施及城市功能的完善，将直接带动房地产、物业管理、公共

服务等行业的发展以及就业形势的改善。宁夏地区的城市布局应以大城市为龙头，小城镇为依托，建立城乡一体的布局，加强城乡基础设施建设。现代服务业的发展需要城市化来支撑，城市化水平的提高可以为现代服务业发展创造有利条件。人民收入的提高，使人们有更多的钱用来更高需求的消费，比如教育、娱乐服务、医疗保健服务等。这就扩大了社会对现代服务业的消费需求，从而为现代服务业提供了商机，使这些行业扩大规模。现代服务业生产规模的扩大和效益的提高又引起就业人数的增加和收入水平的提高。这样循环的过程，最终导致了经济整体水平和人们生活水平的提高。因此，应通过各种合法手段提高人们的收入，尤其是农民的收入。

三、注重现代服务业的人才培养，大力发展教育事业

只有拥有大批高水平和高素质的专业人才，才能使现代服务业立于不败之地。宁夏应建立多层次的人才保障体系，加快本地大中院校的建设，有计划地利用高校和科研院所培养现代服务业专门人才，加强岗位职业培训，全面推进现代服务业从业人员的职业资格制度，建立现代服务业职业资格标准体系，有序地扩大实施范围和领域，加大教育基础设施建设，加强宁夏人力资源的利用和保护措施，防止人才流失。

四、政府应制定适当的政策，为宁夏现代服务业的发展创造良好的市场环境

任何行业的健康发展都离不开良好的市场环境。党的十六届三中全会已经提出，要加快推进这些垄断行业的改革，包括

放宽准入领域、降低准入条件、培育多元化的竞争主体等。加快垄断行业管理体制改革，消除体制障碍，建立公平竞争的市场秩序，有利于提高效率，改善服务，完善服务业相关法律法规，构建完备的法律体系。现代服务业的发展不仅受到市场这只"看不见的手"的影响，也受到政府这只"看得见的手"的引导和推动作用。利用政府职能，营造良好的商务环境，提供扶植和优惠政策，做出整体发展规划，推动服务经济优质、高效地发展。政府应增加对现代服务业的投资，实现资源优化配置，实现综合效益最大化。政府应制定优惠政策，如在税收、用地、资金等多方面予以支持，吸引企业家在宁夏投资建设现代服务业。

发展现代服务业是当前我国加快经济发展的主要途径之一，也是我国有效改善城乡二元结构、缩短东中西部经济差距的有效措施。而当前，就全国而言，现代服务业的发展相对于发达国家还比较落后，现代服务业在我国的三大产业中所占比例相对较少，对于地处西部民族地区的宁夏回族自治区，这种问题尤为突出。因此宁夏地区在发展第一、第二产业和传统服务业的同时，应结合宁夏地区自身的经济发展情况，大力发展现代服务业，提升产业结构。在当前阶段，应继续巩固金融业、房地产业、信息传输和计算机服务的主导地位，在此基础上，加强科学研究、技术服务和地质勘查业、租赁和商务服务、体育和娱乐业、居民服务和其他服务业等其他现代服务业的发展，促进现代服务业内部各个行业共同发展。促进传统服务业的技术进步、产业升级向现代服务业发展。与此同时，应充分挖掘现代服务业的发展潜力和就业潜能，引导企业加大信息技术等先进技术和现代管理理念、经营方式的推广应用，加快升级改造步伐，提高服务档次和水平。要进一步加大对新兴服务业的引导、支持力度。

现代服务业既包括新兴服务业，也包括对传统服务业的技术改造和升级，其本质是实现服务业的现代化在以上解决宁夏现代服务业存在的问题的措施的基础上宁夏还应该继续加大政府投入，推进城市公用事业的体制创新，推进信息技术应用，加快实现商务数字化。加快引进人才和培养人才速度，提升现代服务业整体水平。

参考文献

［1］Bhagwati，J. N. Splintering and Disembodiment of Services and Developing Nations［J］. The World Economy，1984（1）：133－143.

［2］Hans H. Bauer，Maik Hammerschmidt and Tomas Falk Measuring the quality of e－banking portals［J］. International Journal of Banking Marketing，2005，23（2）：153－175.

［3］Jelassi，T.，and Enders，A. Strategies for E－business：Creating Value through Electronic and Mobile Commerce［J］. Financial Times/ Prentice Hall，2004（1）：7－14.

［4］Jun，M.，and Cai，S.. The key determinants of internet banking service quality：a content analysis［J］. International Journal of Bank Marketing，2001（7）：7－14.

［5］Jun，M.，and Cai，S. The key determinants of internet banking service quality：A Content Analysis［J］. The International Journal of Bank Marketing，2001，19（1）：276－281.

［6］Yang，Z.，Jun，M.，and Peterson，R. Measuring Customer Perceived Online Service Quality［J］. Financial，2004，24

（11）：1149-1168.

　　［7］陈剑玲. 论消费者跨境电子商务争议的解决［J］. 首都师范大学学报（社会科版），2012（2）.

　　［8］陈宪，程大中，殷凤. 中国服务经济报告2007［M］. 北京：经济管理出版社，2008.

　　［9］崔光庆. 中国区域金融差异与政府行为：理论与经验解释［J］. 金融研究，2006（6）.

　　［10］崔立欣. 服务质量评价模型［M］. 北京：经济日报出版社，2003.

　　［11］代文. 现代服务业集群的形成和发展研究［D］. 武汉理工大学博士论文，2007.

　　［12］樊文静. 跨境电子商务发展与我国对外贸易模式转型［J］. 对外经贸，2015（1）.

　　［13］方长秀. 旅游电子商务个性化在线定制发展探析［J］. 现代商业，2010（6）.

　　［14］冯亮能. 加快现代服务业发展的对策探讨［J］. 价格月刊，2007（4）.

　　［15］冯亚楠，刘丹. 中国跨境电子商务发展现状及创新路径［J］. 商业经济研究，2015（31）.

　　［16］广西统计年鉴［M］. 北京：中国统计出版社［Z］历年.

　　［17］贵州统计年鉴［M］. 北京：中国统计出版社［Z］历年.

　　［18］郭树言. 推动中国产业结构战略性调整与优化升级探索［M］. 北京：经济管理出版社，2005.

　　［19］何德旭. 大力发展金融这一现代服务业［J］. 上海金融，2005（12）.

[20] 胡启恒. 诠释我国现代服务业 [N]. 中国信息导报，2004-08-11.

[21] 华德亚. 承接跨国公司服务外包加速我国现代服务业发展 [J]. 经济问题探索，2007（3）.

[22] 江小涓. 财经蓝皮书：中国服务业的增长与结构 [M]. 北京：社会科学文献出版社. 2004.

[23] 蒋三庚. CBD与现代服务业企业集群研究 [J]. 首都经济贸易大学学报，2006（5）.

[24] 金荣学，许广月. 现代服务业集聚效应与经济发展研究——基于中国省级面板数据的实证分析 [J]. 财政研究，2009（11）.

[25] 雷蕾. 国外服务业区域发展理论研究述评 [J]. 河南财经学院学报，2010（1）.

[26] 李定安，金艳平，朱永行. 论上海现代服务业发展与金融支持 [J]. 上海金融，2006（2）.

[27] 李继樊. 我国内陆开放型经济制度创新的探索 [J]. 探索，2013（3）.

[28] 李洁明，祁新娥. 统计学原理 [M]. 上海：复旦大学出版社，2007.

[29] 李文秀，夏杰长. 基于自主创新的制造业与服务业融合：机理与路径 [J]. 南京大学学报（哲学.人文科学.社会科学版），2012（2）.

[30] 李相合. 中国服务经济：结构演进及其理论创新 [M]. 北京：经济科学出版社，2007.

[31] 李志军. 发展服务外包：西部中心城市的比较优势与

路径选择［J］.国际经济合作，2006（11）.

［32］李治堂.现代服务业研究成果评述［J］.商业经济，2006（1）.

［33］李忠民，肖祥辉.服务业理论研究综述［J］.陕西师范大学国际商学院学报，2009（1）.

［34］梁向明.浅论宁夏的特色旅游［J］.宁夏大学学报，2002（2）.

［35］刘奕，夏杰长.服务业集群的形成机理和作用机制：国际经验［J］.国外社会科学，2009（6）.

［36］刘重.论现代服务业的理论内涵与发展环境［J］.理论与现代化，2005（1）.

［37］卢峰.服务外包的经济学分析：产品内分工视角［M］.北京：北京大学出版社，2007.

［38］鲁忠慧.宁夏建设特色鲜明国际旅游目的地的思考［J］.中共银川市委党校学报，2016，18（4）.

［39］马晓军."多度"视角下阿拉善打造国际旅游目的地的对策建议［J］.城市旅游规划，2016（16）.

［40］内蒙古统计年鉴［M］.北京：中国统计出版社［Z］历年.

［41］宁夏统计年鉴［M］.北京：中国统计出版社［Z］历年.

［42］欧新黔.服务业将是中国的主导产业［J］.中外管理，2008（1）.

［43］欧新黔.服务业将是中国的主导产业［J］.中外管理，2008（1）.

［44］欧阳勇，曾志耕，等.网络金融概论［M］.重庆：西南财经大学出版社，2004.

[45] 潘海岚. 中国现代服务业发展研究 [M]. 北京：中国财政经济出版社，2008.

[46] 庞毅，宋冬英. 北京现代服务业发展研究 [J]. 经济与管理研究，2005（1）.

[47] 裴瑱. 服务外包中发包方选择接包方的影响因素分析——基于中国的研究 [J]. 国际贸易探索，2007，23（10）.

[48] 彭醒，张婷. 服务外包发展的动因、趋势和中国的对策分析 [J]. 法商论丛，2008（2）.

[49] 乔均，蒋昀洁. 商业银行个人客户忠诚度评价及实证研究——以商业银行江苏分行为例 [J]. 工商管理理沦论坛，2006（1）.

[50] 乔阳，沈孟，刘杰. 电子商务对国际贸易的影响及应用现状分析 [J]. 对外经贸，2013（3）.

[51] 青海统计年鉴 [M]. 北京：中国统计出版社 [Z] 历年.

[52] 桑敏兰. 转变经济发展方式促进又好又快发展 [J]. 宁夏日报出版社，2011.

[53] 商务部. 关于实施支持跨境电子商务发展政策的若干意见 [R]. 2014.

[54] 申文果，汪纯孝，谢礼珊. 电子与传统服务质量对顾客信任感和忠诚感的影响研究 [M]. 广州：中山大学出版社，2006.

[55] 申文果，张秀娟，谢礼珊. 网络企业服务质量的测量及其影响的实证研究 [J]. 管理科学，2007（1）.

[56] 宋涛. 政治经济学教程 [M]. 北京：中国人民大学出版社，2006.

[57] 孙成彦. 加快我国现代服务业的思考与建议 [J]. 北方

经贸，2007（1）.

[58] 外连，王明宇，刘淑贞. 中国跨境电子商务的现状分析及建议［J］. 电子商务，2013（9）.

[59] 汪旭晖，翟丽华. 现代物流服务业自主创新的驱动力及模式选择［J］. 兰州商学院学报，2010（4）.

[60] 王林聪. 中阿经贸论坛与宁夏内陆开放型经济区建设［J］. 回族研究，2010（4）.

[61] 王瑞丹. 高技术型现代服务业的产生机理与分类研究［J］. 北京交通大学学报，2006（1）.

[62] 王外连，王明宇，刘淑珍. 中国跨境电子商务的现状分析及建议［J］. 电子商务，2013（9）.

[63] 韦福祥. 服务质量评价与管理［M］. 北京：人民邮电出版社，2005.

[64] 韦有周. 印度服务外包发展情况及启示［J］. 时代经贸，2007（84）.

[65] 巫钢，罗永泰. 提升我国服务业发展水平的跨位思考［J］. 商业研究，2006（1）.

[66] 吴贵生. 服务创新［M］. 清华大学出版社，2007

[67] 新疆统计年鉴［M］. 北京：中国统计出版社［Z］历年.

[68] 许丽君，汪建敏，李丹. 银川国际旅游城市建设研究［J］. 宁夏社会科学，2017（6）.

[69] 薛瑢瑢. 宁夏内陆开放型经济试验区文化旅游资源评价研究［J］. 宁夏大学人文地理学，2015（1）.

[70] 杨鸿燕. 中国现代服务业的发展趋势和策略［J］. 经济师，2008（7）.

［71］杨圣明.关于服务外包问题［J］.中国社会科学研究生学报，2006（6）.

［72］叶宜同.我国旅游电子商务的现状与发展方向［J］.中国校外教育，2009（S5）.

［73］艺恩旅游咨询.2011中国旅游电子商务研究报告［R］.2011.

［74］于波.我国服务外包发展前景初探［J］.黑龙江对外经贸，2008（2）.

［75］宇传华.SPSS与统计分析［M］.北京：电子工业出版社，2006.

［76］詹姆斯.费茨西蒙斯.服务管理［M］.北京：机械工业出版社，2004

［77］张红兵，贾来喜，李璐.SPSS宝典［M］.北京：电子工业出版社，2007.

［78］张辉.产业集群竞争力的内在经济机理［J］.中国软科学，2003（1）.

［79］张建华.现代服务业发展趋势研究［J］.中国市场，2007（1）.

［80］张进海，王林伶.中国向西开放战略中宁夏发展的路径选择［J］.宁夏社会科学，2013（4）.

［81］张磊，徐琳.服务外包（BPO）的兴起及其在中国的发展［J］.世界经济研究，2006（5）.

［82］张蕾.加快宁夏现代服务业发展的对策［R］.宁夏发改委经济研究中心，2007.

［83］张莉."互联网＋"对我国对外贸易竞争新优势的影响

及对策［J］. 国际贸易，2015（7）.

［84］张巍，张金成，张灏. 寻找网上银行电子服务质量关键维度之方法研究［J］. 现代财经，2007（10）.

［85］赵弘. 中国总部经济发展报告（2007~2008 年）［M］. 北京：社会科学文献出版社，2007.

［86］赵翊，竞争优势视角下的少数民族产业规模化构建［J］. 对外经贸，2012（3）.

［87］中国互联网络信息中心（CNNIC）. 第 27 次中国互联网络发展报告［EB/OL］. 中国互联网络信息中心网站，2011.

［88］中国区域经济统计年鉴［M］. 北京：中国统计出版社［Z］历年.

［89］中国统计年鉴［M］. 北京：中国统计出版社［Z］历年.

［90］周海琼. 旅游业——电子商务亮点［J］. 中国市场，2007（13）.

［91］周泽超. 宁夏丝绸之路经济带文化产业发展的 SWOT 分析［J］. 宁夏社会科学，2017（6）.

［92］朱丽莉，李光泗. 服务业集聚发展的历程、模式与机制分析［J］. 宏观经济管理，2012（7）.

［93］朱晓明. 服务外包——把握现代服务业发展新机遇［M］. 上海：上海交通大学出版社，2006.